DON GREEN
NAPOLEON HILL FOUNDATION

NAPOLEON HILLS MILLIONÄR-MINDSET

Die 9 essenziellen
Prinzipien zur Steigerung
Ihres Vermögens

DEUTSCHER
WIRTSCHAFTSBUCH
VERLAG

Bibliografische Information der Deutschen Nationalbibliothek
Die Deutsche Nationalbibliothek verzeichnet diese Publikation in der Deutschen Nationalbibliografie; detaillierte bibliografische Daten sind im Internet über dnb.dnb.de abrufbar.

Wir freuen uns auf eure Anregungen und Fragen
info@deutscherwirtschaftsbuchverlag.com

Wichtiger Hinweis
Die im Buch veröffentlichten Empfehlungen wurden von Verfasser und Verlag erarbeitet und geprüft. Der Inhalt dieses Buches beruht ausschließlich auf den persönlichen Erfahrungen des Autors und erhebt keinen wissenschaftlichen Anspruch. Die benutzten Begrifflichkeiten sind wertfrei. Eine Garantie kann dennoch nicht übernommen werden. Ebenso ist die Haftung des Verfassers bzw. des Verlages und seiner Beauftragten für Personen-, Sach- und Vermögensschäden ausgeschlossen.

1. Auflage 2026

Deutscher Wirtschaftsbuch Verlag GmbH,
Christoph-Rodt-Straße 11, 86476 Neuburg an der Kammel
www.deutscherwirtschaftsbuchverlag.com

Die englische Ausgabe erschien 2022 bei Sound Wisdom unter dem Titel *Napoleon Hill's Your Millionaire Mindset.*

Auch wenn eine gendergerechte Sprache wünschenswert ist, gibt es aus Sicht des Verlages bisher keine befriedigende, gut lesbare Lösung. Der leichten Lesbarkeit zuliebe haben wir des Öfteren von der Doppelung männlicher und weiblicher Formen Abstand genommen. Selbstverständlich liegt es uns fern, dadurch einen Teil der Bevölkerung zu diskriminieren.

Übersetzung: Philipp Seedorf
Redaktion: Anne Horsten
Satz: Daniel Förster, Belgern
Korrektorat: Anke Schenker
Cover- und Umschlaggestaltung: www.b3k-design.de, © 2025 Andrea Schneider & diceindustries
Druck: GGP Media GmbH, Pößneck
Printed in Germany
ISBN Print: 978-3-69066-235-2
ISBN E-Book (PDF): 978-3-69066-237-6
ISBN E-Book (EPUB, Mobi): 978-3-69066-236-9

INHALT

VORBEMERKUNG

Der Inhalt dieses Buches dient einzig Informationszwecken, und jede Anwendung geschieht auf eigenes Risiko. Die Informationen sind nicht als Ratgeber für finanzielle Investitionen gedacht und sollten nicht als solcher gesehen werden. Diese Veröffentlichung stellt keine Beratung zu Steuer-, Investment- oder Finanzthemen dar. Der Leser ist selbst dafür verantwortlich, zu verifizieren, ob die Informationen für seinen persönlichen Gebrauch angemessen sind, dafür sollte nach Bedarf der Rat eines qualifizierten Finanzexperten eingeholt werden. Das Material in diesem Buch ist einzig zur allgemeinen Information gedacht und stellt keine Beratung zu einem bestimmten Thema dar. Die Informationen in diesem Buch eignen sich möglicherweise nicht für alle Investoren. Sie werden ohne Berücksichtigung von Investmentzielen, Risikotoleranz oder den finanziellen Umständen eines bestimmten Investors erteilt. Ausschließlich Sie sind für Ihre Investmententscheidungen verantwortlich. Wir raten den Lesern dieses Buches ausdrücklich, sich professionellen Rat einzuholen, bevor sie gemäß der hier enthaltenen Informationen handeln.

VORWORT

IHR MASTERPLAN ZUR MILLION

Allein der Mensch hat die Macht, seine Gedanken in physische Realität zu verwandeln; allein der Mensch ist in der Lage, zu träumen und seine Träume wahr werden zu lassen.

Napoleon Hill, *Das Gesetz des Erfolgs*

Millionär wird man nicht zufällig. Die große Mehrheit der reichsten Menschen der Welt hat ihr Vermögen durch rigorose Planung und entschlossenes Handeln erworben. Lassen Sie sich nicht entmutigen, weil Sie sich nicht dazu imstande sehen, dieselben Pläne umzusetzen wie die finanzielle Elite. Die Grundregeln zum Aufbau von Vermögen sind geradezu trügerisch einfach. Napoleon Hill, der Autor des internationalen Bestsellers *Denke nach und werde reich* erkennt dies, indem er schreibt: »Zu Geld zu kommen und zu sparen, ist eine Wissenschaft, aber die

Regeln zu seiner Vermehrung sind so einfach, dass jeder ihnen folgen kann. Die wichtigste Voraussetzung ist die Bereitschaft, die Gegenwart der Zukunft zu opfern.« Unternehmen Sie heute die richtigen Schritte, dann werden Sie in der Zukunft finanzielle Freiheit genießen.

Jeder Mensch ist in der Lage, die Regeln der Vermögensbildung zu erlernen, aber nicht jeder schafft es, ihnen zu folgen. Es erfordert Leidenschaft, Glauben, Selbstbeherrschung und Initiative – es gilt, sich der Aufgabe zu verschreiben, stets die richtigen Entscheidungen zu treffen, auch wenn Ängste und Versuchungen Ihren Fokus zu zerstören drohen und Ihre Bemühungen behindern. Wie der amerikanische Redner William Jennings Bryan sagte: »Schicksal ist keine Frage des Zufalls; die Frage ist, welche Wahl man trifft. Man wartet nicht darauf, man erlangt es.« Dieses Buch zu lesen, ist der erste Schritt, um die Kontrolle über Ihre finanzielle Zukunft zu übernehmen und in allen Lebensbereichen mehr Erfolg und Freude zu genießen. Finanzielle Sicherheit ist die Voraussetzung für beständigen Seelenfrieden, die höchste Form der mentalen und emotionalen Freiheit.

Materieller Wohlstand ist jedoch weder der einzige noch der wichtigste Maßstab für Erfolg. Wie Hill erklärt: »Ich wäre schwer enttäuscht, wenn ein Leser den Eindruck gewänne, Erfolg würde einzig in Banknoten gemessen. Aber Geld repräsentiert einen wichtigen Faktor des Erfolgs und sollte einen angemessenen Wert in jeder Philosophie erhalten, die Menschen helfen soll, mehr Nutzen zu generieren sowie glücklicher und wohlhabender zu werden.« Aus diesem Grund vermittelt Ihnen dieses Buch die nötigen Prinzipien, um Ihre Gedanken und Verhaltensweisen so zu ändern, dass Sie Wohlstand aufbauen und Ihre wichtigsten Wünsche im Leben erfüllen. Geld anzuhäufen, mag nicht Ihr Hauptziel im Leben sein, aber wie Sie feststellen werden, ist es ohne finanzielle Sicherheit nahezu unmöglich, Chancen in Ihrem Leben zu ergattern oder die für den persönlichen und beruflichen Erfolg nötigen Eigenschaften zu entwickeln.

Als Executive Director und CEO der Napoleon Hill Foundation und in meiner langen, erfolgreichen Bankkarriere habe ich miterlebt, wie zahllose Menschen nach finanzieller Sicherheit strebten. Die Geschichten, die ich Ihnen in diesem Buch erzähle, zeigen auf, wieso manche Menschen erfolgreich sind und andere ihren Erfolg durch ihre eigenen Angewohnheiten torpedieren. Die Personen, die ein Vermächtnis von Wohlstand und Großzügigkeit aufbauten, sind den Prinzipien in diesem Buch gefolgt.

Mit diesen Gedanken lege ich Ihnen die folgenden Zeilen aus Lord Byrons Epos *Don Juan* ans Herz:

Doch Worte sind Dinge und ein kleiner Tropfen Tinte,
Fällt wie Tau, auf einen Gedanken, bringt hervor
Was Tausende, vielleicht Millionen zum Denken anregt.

Ich hoffe, auf den Seiten dieses Buches finden Sie motivierende Worte, um Ihr persönliches Leben, Familienleben und Ihre Berufstätigkeit voranzubringen, indem Sie die Kontrolle über Ihre Finanzen übernehmen und lernen, Ihr Geld für sich – und das Wohl Ihrer Community – arbeiten zu lassen.

KAPITEL 1

VERLANGEN: DER STARTPUNKT DES ERFOLGS

VERLANGEN ist der Samen des Erfolgs, der Startblock, hinter dem nichts liegt, zumindest nicht, soweit wir wüssten.

Napoleon Hill, *The Law of Success*

Die meisten Menschen wünschen sich, reich zu werden, aber die große Mehrheit verschuldet sich oder lebt von Gehaltsscheck zu Gehaltsscheck. Das Verlangen nach Geld an sich ist nichts Besonderes. Das Problem besteht darin – für 98 von 100 Personen ist es ein nebulöses Verlangen. Es ist ein abstraktes, zielloses Sehnen – nicht viel mehr als ein Wunsch oder eine Hoffnung. Sich Reichtum nur zu wünschen, wird Ihnen keinen Wohlstand einbringen. Der Weg zum Erfolg beginnt mit einem *konkreten Verlangen.*

Befeuern Sie Verlangen mit Unzufriedenheit

Der erste Schritt, um Armut zu überwinden, Schulden zu tilgen und Wohlstand aufzubauen, ist Verlangen – eines, das stark genug ist, Ihre Unzufriedenheit mit den Umständen derart zu steigern, das Sie bereit sind, die notwendigen Mühen für einen Wandel auf sich zu nehmen. Ich deute hier nicht an, dass Sie die Gründe, für etwas in Ihrem Leben dankbar zu sein, übersehen sollen, ich meine aber, mit der aktuellen Lage unzufrieden zu sein, ist ein mächtiges Tool, um sich zum Handeln zu motivieren. Nur wenn Ihre Unzufriedenheit mit Ihrem bestehenden Lebensstil das Unbehagen überwiegt, das eine Veränderung hervorruft, werden Sie alles Nötige für Ihren Erfolg unternehmen.

Ich erinnere mich an die Geschichte eines Gentlemans, der seinen Nachbarn auf dem Land besuchte. Als sie sich auf die Veranda vor dem Haus setzten und redeten, bemerkte der Besucher, dass der Jagdhund des Mannes so winselte, als hätte er Schmerzen.

»Was stimmt nicht mit dem Hund?«, fragte er.

»Oh, er liegt auf einem Brett mit einem Nagel darin, der ihn piekt.«

»Nun, wieso legt er sich nicht woandershin?«, fragte der Besucher.

»In Wahrheit tut ihm der Nagel nicht allzu sehr weh«, sagte der Mann.

Oftmals will man sich einfach nicht anstrengen, weil es einfacher ist, Ausreden zu finden und sich zu beschweren, als Fortschritte zu machen. Um erfolgreich zu sein, sollte Sie jedoch ein brennendes Verlangen antreiben, das so stark ist, dass Sie Ihre destruktiven Gewohnheiten ablegen und neue erschaffen, die dem Aufbau von Vermögen dienen. Wie Napoleon Hill uns sagt: »Der Startpunkt jedes Erfolgs ist VERLANGEN. Behalten Sie das immer im Hinterkopf. Schwaches Verlangen wird nur schwache Resultate zeitigen, so wie ein kleines Feuer nur wenig Hitze abgibt.«

Nur wenn Ihre Unzufriedenheit mit Ihrem bestehenden Lebensstil das Unbehagen überwiegt, das eine Veränderung hervorruft, werden Sie alles Nötige für Ihren Erfolg unternehmen.

In George S. Clasons berühmten Parabeln, zusammengestellt im Buch *Der reichste Mann von Babylon*, erklärt Arkad, der reichste Einwohner von Babylon, wie er sein enormes Vermögen aus dem Nichts aufbaute – »allein [durch] ein großes Verlangen nach Reichtum«. Sein Verlangen nach Gold trieb ihn an, sich das erforderliche Wissen, um es zu erwerben, anzueignen. Er nutzte seinen leeren, abgegriffenen Geldbeutel als ein Symbol für die Armut, die er verabscheute, und motivierte sich, indem er nach seinen finanziellen Prinzipien lebte. Gedanklich bestimmte er sein Verlangen, dass die Geldbörse, »voll und rund [sein sollte] und das Gold darin klimpern«. Mit diesem brennenden Antrieb für sein Handeln war er bald in der Lage, seine Börse zu füllen.

In *Think and Grow Rich* erzählt Hill die Geschichte eines Mannes mit einem so starken *brennenden Verlangen*, dass er bereit war, alles Nötige zu tun, um seine Vorstellung vom Leben umzusetzen – abgesehen davon, die Rechte anderer zu beeinträchtigen. Edwin C. Barnes strebte danach, der Partner des großen Erfinders Thomas A. Edison zu werden. Dass er nicht über die Ressourcen oder Fertigkeiten für diese Position verfügte, ließ er außer Acht. Er hatte nicht einmal das Geld für den Zug, um zu Edisons Labor zu reisen – er fuhr in einem Güterzug mit. Sein Verlangen war so stark, dass er gedanklich bereits über den begehrten Titel verfügte, der für ihn bestimmt war, und nichts würde ihm im Weg stehen.

Als er beim Labor ankam, verkündete Barnes, er sei hier, um Geschäftspartner von Edison zu werden, und sicherte sich ein Treffen mit dem Erfinder. Edison war von Barnes' Selbstsicherheit so beeindruckt, dass er ihm sofort einen ersten Job anbot. Barnes sah das nicht als Niederlage, sondern als Chance, und widmete all seine Kraft und Energie seinem großen Ziel. Er hätte den Weg des geringsten Widerstandes gehen und sich damit zufriedengeben können, dass er in der Nähe des großen Erfinders arbeitete, wenn auch nicht sein Geschäftspartner war, doch dafür war sein Verlangen zu konkret. Darüber hinaus hätte er seine Mühen mit einer Bedingung verknüpfen und kündigen können, falls er nach ein paar Monaten im Unternehmen nicht aufgestiegen wäre. Stattdessen verschrieb er sich der Aufgabe, alles – und mehr – zu tun, was Edison von ihm verlangte, damit er die Position als Partner erlangte, die ihm vorherbestimmt war. Es dauerte nicht lang und die Gelegenheit ergab sich, als Barnes eine Herausforderung annahm, die Edisons bereits bestehende Verkaufspartner ablehnten – ein neues Diktiergerät namens Ediphone zu verkaufen. Barnes war dabei so erfolgreich, dass er sich den Exklusivvertrag sicherte, um die Technologie in den gesamten Vereinigten Staaten zu vertreiben und zu vermarkten.

Hill erläutert deutlich, wieso Barnes' Verlangen ihn befähigte, sein konkretes Hauptziel zu erreichen: »Barnes' Verlangen war keine *Hoffnung*! Es war kein *Wunsch*! Es war ein heftiges, brennendes VERLANGEN, das alles andere überstieg. Es war KONKRET.« Zunächst war es vermutlich nicht strukturiert. Wahrscheinlich begann es als Wunsch oder Hoffnung, aber Barnes investierte emotional und intellektuell in sein Ziel und brannte alle Brücken hinter sich nieder, bis es zur bestimmenden Obsession seines Lebens wurde. Das motivierte ihn so sehr, dass er bei der Arbeit mehr als verlangt leistete und eine sich anbietende Chance erkannte und danach handelte. Er akzeptierte keine Niederlage als endgültig.

Kultivieren Sie ein Wohlstands-Mindset

Sie lesen dieses Buch, weil Sie weit mehr anstreben als das, was der passive Wunsch nach »mehr« Ihnen einbringen mag. Um Ihr Verlangen zu einer materiellen Wirklichkeit werden zu lassen, muss es sich in einen *konkreten wichtigsten* Lebenszweck verfestigen. Wie Napoleon Hill in *The Law of Success* erklärt: »Verlangen ist der Faktor, der Ihren konkreten wichtigsten Lebenszweck bestimmt. Niemand kann Ihr dominierendes Verlangen für Sie auswählen, aber sobald Sie es selbst auswählen, wird es zu ihrem konkreten Hauptziel und steht im Spotlight Ihrer Gedanken, bis es befriedigt wird, weil es sich in Realität umwandelt, außer Sie lassen zu, dass andere, widerstreitende Verlangen es verdrängen.«

Wenn Sie sich sehnlichst wünschen, Wohlstand aufzubauen, sollten Sie ein *Geld-Bewusstsein* entwickeln. Hill beschreibt es so, dass »der Verstand so vom VERLANGEN nach Geld durchtränkt wird, dass man sich selbst bereits im Besitz dieses Geldes sieht«. Wenn Sie Ihr Verlangen durch konkrete und lebhafte Details visualisieren, werden Sie sich selbst fest entschlossen von Ihrem künftigen Erfolg überzeugen, dieses Verlangen zu verwirklichen. Dieser unerschütterliche Glaube an Ihre eigene Fähigkeit, Ihr Verlangen umzusetzen, ist essenziell – er ist der erste Charakterzug, der das Mindset des Millionärs definiert. Der Geist ist ein extrem wirkungsvolles Tool: Ihre Gedanken und damit verbundenen Emotionen bestimmen Ihre Ergebnisse. Hill bietet Ihnen die folgende Formel, Ihre Gedanken so zu nutzen, dass Ihr Verlangen Realität wird.

Napoleon Hills Formel, um Verlangen in Wohlstand zu verwandeln

Erstens: Stellen Sie sich den exakten gewünschten Geldbetrag vor. Es reicht nicht aus, nur zu sagen: »Ich will eine Menge Geld.« Stellen Sie sich den Betrag so konkret wie möglich vor. (Es gibt einen psychologischen Grund für diese Konkretheit, den ich in einem späteren Kapitel beschreiben werde.)

Zweitens: Legen Sie fest, was Sie im Gegenzug für das angestrebte Geld geben wollen. (»Etwas für nichts bekommen«, funktioniert nicht.)

Drittens: Legen Sie ein konkretes Datum fest, an dem Sie das gewünschte Geld besitzen werden.

Viertens: Erstellen Sie einen konkreten Plan, um Ihr Verlangen zu realisieren, und beginnen Sie sofort, diesen umzusetzen, ob Sie bereit sind oder nicht.

Fünftens: Notieren Sie ein klar formuliertes, knappes Statement dazu, wie viel Geld Sie anstreben, wie das Zeitlimit dafür aussieht, was Sie im Gegenzug für das Geld geben wollen, und beschreiben Sie ausführlich den Plan, der Sie dahin führen wird.

Sechstens: Lesen Sie Ihr notiertes Statement zweimal am Tag laut vor, einmal, bevor Sie abends schlafen gehen, und einmal, nachdem Sie am Morgen aufgestanden sind. WÄHREND SIE ES LESEN – SEHEN UND FÜHLEN UND GLAUBEN SIE, DASS SIE BEREITS IM BESITZ DES GELDES SIND.

Diese Formel funktioniert hervorragend, denn sie nutzt die Macht der Gedanken, um Ihr Reservoir an Kraft und Kreativität anzuzapfen. Wie Hill erklärt: »Jeder vorherrschende Gedanke, Plan oder Zweck, den wir uns geistig durch Wiederholung immer wieder vor das innere Auge holen und emotional aufladen, mit dem brennenden Wunsch, ihn zu realisieren, wird vom Unterbewusstsein übernommen, das diesen sofort als Handlungsanstoß nimmt und durch sämtliche verfügbare natürliche und logische Mittel umzusetzen versucht, egal wie diese beschaffen sein mögen.« Mit anderen Worten, indem Sie sich Ihr Verlangen vorstellen, es konkretisieren und mit konstruktiven Emotionen aufladen, planen

Sie pragmatisch, um Ihren wichtigsten Lebenszweck umzusetzen; bauen den Mut auf, Ihre Pläne zu verwirklichen, und entwickeln die Beharrlichkeit, den Kurs zu halten, bis Ihre Vorhaben sich erfüllt haben.

Legen Sie sich Motive zurecht

Um Ihren Wunsch nach Wohlstand zu stärken, sollten Sie Ihr »Warum« definieren – also den Grund, wieso Sie diesen Wohlstand anstreben. Im Folgenden die wichtigsten Gründe, Wohlstand aufzubauen:

1. Mit Geld bezahlen wir Grundbedürfnisse wie Nahrung, Kleidung, Wohnen und medizinische Versorgung.
2. Geld bietet Sicherheit für die Zukunft, falls wir körperlich nicht mehr in der Lage sind, Geld zu verdienen.
3. Geld bietet Zugang zu den Dingen, die das Leben genussvoll gestalten, wie Reisen und Unterhaltung.
4. Geld ermöglicht uns, anderen zu helfen oder wichtige Ziele zu unterstützen.

In den Vereinigten Staaten steht es Ihnen zu, Ihren Wohnort frei zu wählen, in Ihren bevorzugten Restaurants zu essen und so bequem wie möglich zu reisen. Doch über das gesetzliche Recht zu verfügen und sich etwas leisten zu können, sind zwei verschiedene Dinge. Um Bedürfnisse und Wünsche zu befriedigen, brauchen Sie Geld, und ohne finanzielle Ressourcen sind Ihre Optionen begrenzt – in dieser Lage haben Sie kaum ökonomische Freiheiten.

Stützen Sie Ihren konkreten wichtigsten Lebenszweck mit einem Motiv oder einer Kombination aus Motiven, um weiterhin engagiert daran zu arbeiten. Napoleon Hill sagt dazu: »Hinter Ihrem konkreten Lebenszweck muss ein brennendes Verlangen stehen, und Sie werden kein brennendes Verlangen haben, wenn Sie kein Motiv haben, das in Ihnen buchstäblich dieses Feuer entfacht. Je mehr Sie über Motive verfügen, die Sie anspornen, desto besser werden Sie einen Zugang zu Ihrem Unterbewusstsein finden.« Er listet neun grundlegende Motive für persönlichen Erfolg auf:

1. Liebe
2. Das Verlangen nach Sex
3. Das Verlangen nach materiellem Wohlstand oder Geld
4. Das Verlangen nach Selbsterhalt
5. Das Verlangen nach Freiheit für Körper und Geist
6. Das Verlangen nach Selbstausdruck
7. Das Verlangen nach einem Leben nach dem Tod
8. Das Verlangen nach Rache
9. Die Emotion Angst

Die letzten beiden Motive sind destruktive Impulse und kontraproduktiv. Angst kann Sie veranlassen, Ihr ganzes Leben in Armut zu verbringen, weil sie Sie abhält, persönliche Initiative zu entwickeln. Wählen Sie Motive aus, die Sie zu einer Aktion inspirieren – die Ihnen einen starkes »Warum« geben, um die unangenehmen Gefühle einer Veränderung auszuhalten. Da man selten über Nacht reich wird, kann es überaus anstrengend sein, sich Wohlstand zu erarbeiten: Es bedarf Zeit und Geduld und den Verzicht auf manche Annehmlichkeiten, um auf lange Sicht Seelenfrieden zu entwickeln. Sie brauchen ein Motiv, das Sie rational und emotional durchhalten lässt – um auf dem Weg zum Erfolg Befriedigung und Ihren Lebenszweck zu finden.

In *Man's Search for Meaning* reflektiert Viktor E. Frankl über die dreieinhalb Jahre, die er in vier verschiedenen Konzentrationslagern der Nazis verbrachte, darunter Auschwitz. Er schildert, dass oft diejenigen es schafften, zu überleben, die einen triftigen Grund hatten, am Leben zu bleiben. Er schreibt: »Es gibt nichts auf der Welt … das so wirkungsvoll ist, um selbst unter den schlimmsten Bedingungen zu überleben, wie das Wissen, dass das eigene Leben Bedeutung hat.« Für Frankl entsprang die Motivation aus seinem Verlangen, seine Familie wiederzusehen und die Arbeit fortzusetzen, mit der er sich beschäftigt hatte, bevor er in Konzentrationslagern inhaftiert wurde. Diese Arbeit gab ihm einen starken Lebenssinn und inspirierte ihn zu folgender Aussage: »Ein Mann, der sich der Verantwortung bewusst ist, die er gegenüber einem Menschen hat, der liebevoll auf seine Rückkehr wartet, oder eine unerledigte Arbeit, der er sich widmet, wird niemals sein Leben einfach wegwerfen. Er hat ein ›Warum‹ seiner Existenz und wird in der Lage sein, fast jedes ›Wie‹ zu ertragen.« Die Gelegenheit, andere zu unterstützen, egal in welcher Form, oder zu anderen großzügig zu sein, sind besonders starke Anreize. Jedes Motiv, aus dem Sie über sich hinaus auch an andere denken, ist an sich schon überzeugender, denn es verknüpft das Streben nach Wohlstand mit einer gewissen Verantwortung.

Warum wollen Sie wohlhabender werden? Stellen Sie sicher, dass Ihr Grund oder Ihre Gründe wichtig genug sind, um zu anhaltendem Wachstum zu führen. Sobald Sie wissen, *warum* Sie auf Wohlstand aus sind, wird sich das *Wie* von selbst ergeben. Denken Sie an die Worte des Erfolgsexperten aus dem 19. Jahrhundert, Samuel Smiles:

> *»Menschen, die entschlossen sind, sich ihren Weg zu bahnen, werden stets genug Möglichkeiten finden; und wenn sie diese nicht finden, werden sie sie erschaffen.«*
>
> SAMUEL SMILES

TIPPS, UM WOHLHABENDER ZU WERDEN

- Die drei Schritte zum Erfolg sind:

  1. Ein brennendes Verlangen
  2. Dieses Verlangen zu einem konkreten Lebenszweck verdichten
  3. In ausreichendem Maß so handeln, dass Sie diesen Lebenszweck erreichen

- Verlangen ist die Erfolgsbasis. Es muss stärker sein als eine bloße Hoffnung oder ein Wunsch – es sollte die alles verzehrende Passion Ihres Lebens sein.
- Kultivieren Sie ein Geldbewusstsein, indem Sie sich selbst bereits im Besitz der Summe sehen, die Sie begehren.
- Befeuern Sie Ihr Verlangen mit einem Motiv – einem deutlichen »Warum«, um die unangenehmen Begleitumstände einer Veränderung zu überwinden und Ihre Träume zu ver-

wirklichen. Die von Hill aufgestellten neun grundlegenden Motive lauten (die letzten zwei sind negativ):

- Liebe
- Das Verlangen nach Sex
- Das Verlangen nach materiellem Wohlstand oder Geld
- Das Verlangen nach Selbsterhalt
- Das Verlangen nach Freiheit von Körper und Geist
- Das Verlangen nach Selbstausdruck
- Das Verlangen nach einem Leben nach dem Tod
- Das Verlangen nach Rache
- Die Emotion Angst

Ihr Millionär-Masterplan

➢ Wählen Sie Ihren konkreten wichtigsten Lebenszweck. Dafür beantworten Sie folgende Frage: Wie definieren Sie »Wohlstand« oder »Reichtum«? Reichtum kann mental, spirituell, emotional oder finanziell sein – legen Sie für sich fest, was Ihr wichtigstes Verlangen ist. Was wird Ihrem Leben wahren Sinn und Ihnen den ultimativen Seelenfrieden schenken?

___

___

___

___

___

- Wenn Ihr konkreter wichtigster Lebenszweck nicht darin besteht, einen bestimmten Geldbetrag zu erlangen: Inwiefern spielt Geld für Sie eine Rolle (wenn überhaupt), um dieses Ziel mit Leben zu füllen?

- Welche Motive oder welche Kombination an Motiven inspiriert Sie am meisten, um sich völlig – und langfristig – dem Streben nach Ihrem wichtigsten Lebenszweck zu verschreiben?

- Folgen Sie Hills Formel, um Verlangen in Reichtum zu verwandeln. Denken Sie daran, sich im Besitz des ersehnten Reichtums zu visualisieren, und stärken Sie diese Vision mit der Logik und Emotion, die Ihr einzigartiges Motiv Ihnen vermittelt.

»Was der Verstand sich vorstellen und woran er glauben kann, das kann er auch erreichen!«

NAPOLEON HILL

KAPITEL 2

GLAUBEN: DIE EINZIGEN GRENZEN SETZT IHR GEIST

Jeder kann sich finanzielle, materielle oder spirituelle Vorteile »wünschen«, aber das Element des Glaubens ist die einzige verlässliche Macht, durch die ein Wunsch zu einem Glaubenssatz und ein Glaubenssatz zu einer Realität wird.

Napoleon Hill, *Der geheime Weg zu Freiheit und Erfolg*

Haben Sie je in einem Zirkus einen Elefanten gesehen, der mittels eines Metallpfostens an den Boden gekettet war? Sicher kann so ein mächtiger Elefant, der bis zu zwei Tonnen wiegt, seine enorme Kraft nutzen, um den Pfosten, der ihn gefangen hält, aus dem Boden zu ziehen. Das Problem des Elefanten ist, dass er sich seiner Fähigkeit nicht bewusst ist. Dasselbe gilt für die meisten erfolglosen Menschen, da sie ebenfalls nicht realisieren, zu was sie fähig sind.

Als der Elefant noch ein Baby war, wurde er an einem Metallpfosten im Boden festgebunden. Nach mehreren gescheiterten Versuchen, sich zu befreien, probiert es der kleine Elefant nicht mehr und akzeptiert sein Schicksal. Er ist darauf konditioniert, zu glauben, sich nicht von seinen Ketten befreien zu können, obwohl der stärkere erwachsene Elefant leicht in der Lage wäre, den Pfosten aus dem Boden zu ziehen. Sobald er darauf trainiert worden ist, seine Hilflosigkeit zu akzeptieren, ist er besiegt.

Die Geschichte des Elefanten lässt sich auch auf den menschlichen Fortschritt übertragen. Sobald wir akzeptieren, unsere Fähigkeit, ein Verlangen zu realisieren, sei begrenzt, ist es unwichtig, ob wir das Richtige glauben oder nicht. Eine positive Veränderung erfordert, dass Sie nicht nur daran glauben, dass Erfolg möglich ist, sondern dass er absolut sicher ist. Ohne diese Einsicht wird unser Erfolg im Leben begrenzt sein, denn wir übertreffen nur selten unsere eigenen Erwartungen an uns selbst.

Eine positive Veränderung erfordert, nicht nur daran zu glauben, dass Erfolg möglich ist, *sondern daran, dass er absolut* sicher *ist.*

Wenn Sie nicht bereits an Ihre Fähigkeit glauben, erfolgreich zu sein, sollten Sie diese Überzeugung entwickeln. Das bedeutet nicht, arrogant zu werden, sondern zu glauben, in das hineinwachsen zu können, was Sie sich vom Leben wünschen. Anders als der Elefant sind Menschen in der Lage, rational zu denken. Auch wenn wir darauf trainiert sein mögen, unsere Versuche, aus unseren Schulden hinaus zu Wohlstand zu gelangen, für aussichtslos zu halten, können wir unsere Glaubenssätze ändern, um zu begreifen, dass unsere einzigen wirklichen Grenzen selbst gesetzt sind.

Zuerst ist es wichtig, daran zu glauben, dass Sie imstande sind, Ihre Lebensumstände zu ändern, dann gilt es, zu erkennen, dass diese Veränderung andere Gedanken und Handlungen als zuvor erfordert. Wenn Sie einen Wandel erwarten oder ersehnen, aber immer noch dieselben Entscheidungen treffen, folgen Sie der Definition von Wahnsinn – das Gleiche zu tun, aber unterschiedliche Ergebnisse zu erwarten als vorher. Millionen Menschen leben in oder beinahe in Armut und sehen das als ihr Schicksal im Leben. Oder sie glauben, indem sie einfach weitermachen wie bisher, werden sie letztlich den »Durchbruch« schaffen. Ob Sie etwas ändern, hängt von Ihrer Bereitschaft dazu ab: Sobald Sie Ihre Gedanken ändern, um sich auf Ihre Fähigkeiten zu konzentrieren und Ihre Handlungen neu und im Einklang mit Ihren konstruktiven Gedanken auszurichten, wird sich eine positive Veränderung einstellen. Sie werden herausfinden, dass Sie – im Gegensatz zum Elefanten – letztlich Ihre Lebensumstände selbst steuern.

Leben Sie nicht so wie der Elefant, der massive Baumstämme zieht, aber nie die Stärke seiner Ketten anzweifelt. Entwickeln Sie den Glauben und die Disziplin, die notwendig sind, um Ihre aktuelle Situation infrage zu stellen, damit Sie die Masse der Menschen, die wenig besitzen, hinter sich lassen und sich der Gruppe der Wohlhabenden anschließen.

»Glaube ist das ›externe Elixier‹, das dem Impuls unserer Gedanken Leben, Macht und Aktion verleiht.«

NAPOLEON HILL

Der Millionär aus der sechsten Klasse

Der Glaube an sich selbst, ergänzt durch Selbstdisziplin und Einfallsreichtum, wird es Ihnen ermöglichen, jeden Nachteil im Leben zu überwinden. Nehmen wir zum Beispiel die Geschichte des Ehepaares Clint und Lucille – beide wurden über 90 Jahre alt. Als junger Mann hatte Clint im Kohlebergwerk geschuftet und für 2 Dollar am Tag von Hand Kohle verladen. Die gefährlichen Arbeitsbedingungen oder die harte körperliche Arbeit störten ihn nicht. Er versuchte einfach zu überleben.

Clint war eines von 16 Kindern, und seine Mutter starb, als er erst 14 Jahre alt war. Daher verließ er die Schule nach der sechsten Klasse und arbeitete, um seine Familie zu unterstützen. Als Clints Mutter starb, musste außerdem eine Krankenhausrechnung von 300 Dollar beglichen werden. Clint arbeitete weiter im Kohlebergwerk und verdiente nie mehr als 15 oder 16 Dollar am Tag. Er heiratete irgendwann eine Frau namens Lucille, und sie lebten so spartanisch von seinem Einkommen, dass sie mit der Zeit einige Ersparnisse aufbauten.

Als er schon älter war, errichtete Clint ein paar kleine Zimmer nahe seines Hauses, in denen Arbeiter aus der Gegend wohnen konnten. Damals gab es noch keine Hotels oder Motels im Ort. Lucille eröffnete ein kleines Restaurant im Hinterhof und verkaufte Hot Dogs, Hamburger und einfache Gerichte, um etwas hinzuzuverdienen.

Als Banker lernte ich Clint und Lucille gut kennen und war über die kleinsten Details ihrer finanziellen Situation im Bilde. Das Paar kam einmal im Monat – man hätte die Uhr danach stellen können – in mein Büro, normalerweise mittags an einem Mittwoch, und wir gingen essen – wozu ich sie einlud. Sie bestellten Sandwiches, aßen etwa die Hälfte davon und nahmen den Rest in einer Schachtel mit nach Hause. Ihre Philosophie war einfach: »Nichts verschwenden.« Ich wusste, sie würden die andere Hälfte zum Abendbrot essen.

Als Clint und Lucille schon fast 80 waren, fragte ich sie, ob sie schon ein Testament gemacht hatten. Sie hatten keine Kinder, also ging ich davon aus, dass der Partner alles erben würde, wenn einer von beiden starb. Aber ich wies sie darauf hin, dass – Gott bewahre – auch sie beide bei einem Unfall sterben konnten. Ohne ein Testament und da sie viele Geschwister hatten, gab es eine lange Liste an Erben für ihr Vermögen von 1,2 Millionen Dollar (ihr Haus und persönlicher Grund und Boden nicht mitgerechnet). Damals hätte die Erbschaftssteuer einen Großteil des Erbes verschlungen, also riet ich Clint, sein Geld für einen guten Zweck zu spenden. Er stellte noch an diesem Tag einen Scheck über 500 000 Dollar für das College der University of Virginia in Wise aus und schuf damit ein College-Stipendium für junge Menschen. Später gab er weitere 225 000 Dollar für das von ihm initiierte Stipendium. Nach wie vor hilft diese Stiftung Hunderten junger Menschen, aufs College zu gehen – viele davon sind die ersten in ihrer Familie, die eine Hochschule besuchen. Summen von 100 000 Dollar flossen in andere wohltätige Institutionen, wie das Forschungsprogramm des St. Jude Kinderkrankenhauses, die American Heart Association, die American Cancer Society und andere gute Zwecke, bis das gesamte Erbe verteilt war.

Durch harte Arbeit, ein sparsames Leben und indem er nie Geld verschwendete, überwand Clint die Nachteile seiner mittellosen Herkunft, seines Mangels an Ausbildung und seines Lebens in einer armen Gegend. Er glaubte an seine Fähigkeit, über seine Lebensumstände hinauszuwachsen und ein Vermächtnis aufzubauen, auf das jeder hätte stolz sein können, und genau das schaffte er.

Wenn Sie daran glauben, letztlich erfolgreich zu sein, kann weder ein Bedenkenträger noch eine zeitweilige Niederlage Sie vom Kurs abbringen. Durch Ihren Glauben werden Sie mit Mut und Widerstandskraft alle Hindernisse überwinden, Sie werden die anziehende Persönlichkeit entwickeln, dank der andere mit Ihnen kooperieren werden, sowie die Kreativität, um so pragmatisch zu planen, wie es Ihr konkretes Hauptziel erfordert.

Glaube ist der Erfolgskatalysator

Wenn Sie Glauben mit Ihrem konkreten wichtigsten Lebenszweck verknüpfen, wird dieses Element in Ihrem Unterbewusstsein praktische Pläne entwickeln, mit denen Sie Ihr Hauptziel erreichen. Hill erklärt es so: »Jeder dominierende Gedanke, Plan oder Lebenssinn, der durch den Geisteszustand gestützt wird, den man Glaube nennt, wird vom unterbewussten Teil des Geistes übernommen und das Unterbewusstsein macht sich sofort daran, ihn in die Tat umzusetzen.« Glaube wandelt das Verlangen nach Erfolg in eine spirituelle Notwendigkeit. Er verleiht Ihren Gedanken Farbe, sodass sie an Kraft gewinnen und das Unterbewusstsein überzeugen, sich auf die Wachstumschancen direkt vor Ihrer Nase zu konzentrieren. Er wirkt wie ein Katalysator bei einer chemischen Reaktion: Durch ihn werden die Elemente in unserem Verstand reaktionsfreudiger – das heißt unser konkreter wichtigster Lebenszweck und unsere damit verknüpften positiven Emotionen –, ohne dass er dabei selbst verbraucht wird.

Zum Glück ist Glaube etwas, dass jeder kultivieren kann. Indem Sie Anweisungen an Ihr Unterbewusstsein wiederholen, bringen Sie es dazu, automatisch einen erfolgsorientierten Geisteszustand zu generieren. Wenn Sie Ihren Geist von allen negativen Emotionen freimachen, vor allem von Angst, können Sie bewusst Glauben entwickeln. Hill meint dazu: »Glaube ist ein Gefühl, das sich einstellt, wenn das physische Gehirn bewusst von allen Formen des emotionalen Konflikts freigemacht wurde.« Je mehr negative Botschaften Sie Ihrem Gehirn füttern oder aus Ihrer Umwelt übernehmen und internalisieren, desto eher werden Sie einen Zustand der Angst und des Selbstzweifels kultivieren.

Erinnern Sie sich stets daran, dass der Geist niemals stillsteht. Wenn Sie also Ihre Gedanken nicht aktiv managen, werden vermutlich toxische externe Stimuli Zugang zu Ihrem Unterbewusstsein finden. Wenn Sie sich zum Beispiel mit Leuten mit einem Armutsbewusstsein umgeben, werden Sie ebenso denken. Sie werden die Armut fürchten, während Sie gleichzeitig erwarten, dass sie Ihnen folgt. Weil unsere Gedanken sich mit unserer Umgebung in Einklang bringen, ist es wichtig, uns mit einem Netzwerk positiv gestimmter Menschen zusammenzutun, die unabhängig denken. Außerdem sollten wir die Reizüberflutung herausfiltern, die täglich auf uns eindringt. Ein passiver Geist ist anfällig für die Launen der Welt, die zu Angst und Aberglaube tendieren. Vermeiden Sie passive, ziellose Gedanken und denken Sie bewusst positiv und bestätigend. Mit dem Geisteszustand des Glaubens werden Sie die Macht des positiven Denkens nutzen, um Lösungen und Chancen zu finden, die Ihren Erfolg begünstigen. Wenn Sie in einer Haltung des Glaubens denken, wird Ihr Unterbewusstsein eher seinem Verlangen nach handeln und die entsprechenden Weisungen befolgen.

Ein passiver Geist ist anfällig für die Launen der Welt.

Die beiden geheimen Faktoren, die zur Geisteshaltung des Glaubens führen, sind *Wiederholung* und *Visualisierung*. Sobald Sie die negativen Einflüsse aus Ihrer Umgebung hinter sich lassen, sollten Sie diese passiven Gedanken durch aktive, positive ersetzen. Die beste Affirmation für sich selbst ist ein Statement zu Ihrem konkreten wichtigsten Lebenszweck oder Ihrem vorrangigen Verlangen. Je mehr Sie Ihrem Verstand versichern, dass Sie Ihren konkreten wichtigsten Lebenszweck erreichen werden, desto mehr wird er Ihnen glauben und Sie bei den zielführenden Mechanismen unterstützen, um Ihr Endziel zu erreichen. Nutzen Sie Visualisierung zusätzlich zur Wiederholung, um ein lebhaftes Bild zu zeichnen, wie es aussehen, sich anhören, anfühlen und sogar riechen und schmecken wird, wenn Sie Ihren konkreten wichtigsten Lebenszweck erfüllen. Stellen Sie sich ein konkretes Bild vors innere Auge, das mit allen Sinnen die Erfahrung des Erfolgs einfängt, und Ihr Geist wird daran arbeiten, Ihre Lebensvision zu realisieren. In *Denke nach und werde reich* übersetzt Hill diese Prinzipien in eine hilfreiche Formel, um den nötigen Glauben zu kultivieren.

Napoleon Hills Formel für Selbstbewusstsein

Erstens: Ich weiß, dass ich imstande bin, das Objekt meines konkreten Lebenszwecks zu erlangen, daher VERLANGE ich von mir selbst, anhaltend und ausdauernd in Aktion zu treten, um dieses Ziel zu erreichen, und ich verspreche hier und jetzt, genau das zu tun.

Zweitens: Mir ist klar, dass die dominierenden Gedanken meines Verstandes sich letztlich nach außen in physischer Handlung manifestieren und langsam in eine physische Realität verwandeln. Daher werde ich meine Gedanken täglich eine halbe Stunde auf die Person konzentrieren, die ich werden will, und damit in meinem Geist ein klares mentales Bild dieser Person erschaffen.

Drittens: Ich weiß, dass durch Autosuggestion jedes Verlangen, das ich dauerhaft gedanklich festhalte, sich letztlich durch praktische Mittel Ausdruck suchen wird, um das damit verbundene Ziel zu erreichen.

Daher werde ich täglich zehn Minuten von mir selbst verlangen, SELBSTVERTRAUEN zu entwickeln.

Viertens: Ich habe mein KONKRETES HAUPTZIEL im Leben aufgeschrieben und werde meine Versuche, es zu erreichen, niemals aufgeben, bis ich ausreichend Selbstvertrauen entwickelt habe, um das zu schaffen.

Fünftens: Ich verstehe, dass weder Wohlstand noch eine bestimmte Position, die ich erreiche, lange bestehen werden, sofern diese nicht auf Wahrheit und Gerechtigkeit gründen, daher werde ich alles unterlassen, was nicht allen Beteiligten nutzt. Ich werde erfolgreich sein, indem ich nützliche Kräfte sowie die Unterstützung anderer Menschen anziehe. Ich werde andere motivieren, mir zu helfen, indem ich bereit bin, sie ebenfalls zu unterstützen. Ich werde Hass, Neid, Eifersucht, Selbstsucht und Zynismus aus meinem Leben verbannen, indem ich meine Liebe für die gesamte Menschheit mehre, denn ich weiß, dass eine negative Einstellung gegenüber anderen mir niemals zum Erfolg verhelfen wird. Ich werde andere dazu bewegen, an mich zu glauben, weil ich an sie und an mich selbst glaube.

Diese Formel werde ich unterschreiben, sie mir einprägen, und einmal täglich laut wiederholen, im vollen GLAUBEN, dass sie nach und nach meine GEDANKEN und HANDLUNGEN beeinflusst, sodass ich mich auf mich selbst verlassen und erfolgreich sein werde.

....

Der Geist ist die Werkstatt, der alle Ideen entspringen. Sie haben die Fähigkeit, zu denken, was immer Sie wollen. Um Reichtum anzuziehen, sollten Sie sich selbst von Angst und jedem Zweifel daran freimachen, Ihr Lebensziel erreichen zu können. Glauben Sie daran, erschaffen zu können, was immer Sie erschaffen wollen. Wenn Sie die Fähigkeit, zu denken und zu glauben, besitzen, verfügen Sie auch über die Fähigkeit, etwas zu erreichen.

Sobald Sie Zweifel und Unglauben aus Ihrem Verstand beseitigt haben, haben Sie einen maßgeblichen Schritt hin zu einer soliden finanziellen Zukunft getan. Im Verstand ist kein Platz für zwei widersprüchliche Gedanken. Er kann nicht gleichzeitig über Armut und Reichtum nachdenken. Aus diesem Grund ist es extrem wichtig, dass Sie sich genau auf das konzentrieren, was Sie sich wünschen, und *nicht* auf das Unerwünschte. Sie werden ein deutliches mentales Bild Ihres Ziels entwickeln und glauben, dass es möglich ist, es zu erlangen. Sie werden es tatsächlich im Hier und Jetzt sehen und in der Lage sein, es sich so klar vorzustellen, als verfügten Sie bereits darüber. Der Theologe Norman Vincent Peale hat das gut eingefangen, als er sagte: »Wenn Sie über eine Eigenschaft verfügen wollen, handeln Sie so, als besäßen Sie diese bereits.«

Machen Sie sich mit diesen Erfolgsprinzipien vertraut, bis Sie glauben und wissen, dass sie wahr sind. Das schaffen Sie ebenso, wie Sie das Alphabet oder Einmaleins gelernt haben, als Sie jung waren – durch ständige Wiederholung.

In diesem Moment tragen Sie bereits den Samen des Erfolgs in sich. Wenn Sie sich das bedeutende natürliche Prinzip zunutze machen, demzufolge sich durch Glauben gestärkte Gedanken in ihr materielles Gegenstück verwandeln, dann werden Sie ebenso wie Clint und Lucille ein Vermächtnis aufbauen, auf das Sie stolz sein werden.

Tipps, um wohlhabender zu werden

- Die einzigen finanziellen Grenzen bestehen in Ihrem Kopf. Um ein Erfolgsbewusstsein zu kultivieren, müssen Sie Ihr Gehirn neu trainieren, damit es nicht nur an die *Möglichkeit* des Erfolgs glaubt, sondern sich dessen *sicher* ist.
- Als Menschen sind wir imstande, unsere Umstände zu verändern, egal, ob wir mit gewissen vermeintlichen Nachteilen geboren wurden, wie Armut oder einem Mangel an Bildung.
- Ihre Kapazität für Wachstum und Erfolg hängt von Ihrer Bereitschaft ab, zu ändern, wie Sie denken und handeln. Wenn Sie so weiter agieren wie bisher, können Sie mit den gleichen Ergebnissen rechnen – sowie mit einem Plateau oder sogar einer Talfahrt auf Ihrer Reise zum Erfolg.
- Glaube ist:

    1. Eine Emotion, die sich einstellt, wenn Ihr Geist sich von aller Negativität befreit hat.
    2. Ein Geisteszustand, durch den Sie höhere mentale Ebenen erreichen.
    3. Ein Katalysator, der eine mächtige Reaktion zwischen Ihrem konkreten wichtigsten Lebenszweck und Ihren anderen damit einhergehenden positiven Emotionen auslöst.

- Passiv und ziellos zu denken, macht Sie anfällig für die Launen der Welt, die zu Angst und Aberglaube neigen. Ersetzen Sie diese destruktiven Gedanken durch positive, bestätigende Gedanken, mit denen Sie aktiv Ihr Unterbewusstsein versorgen.
- Die Tools, um den Geisteszustand des Glaubens zu entwickeln, sind *Wiederholung* und *Visualisierung*. Wiederholen Sie das Statement Ihres konkreten wichtigsten Lebenszwecks oder Ihres primären Verlangens so oft wie möglich über den Tag verteilt, während Sie detailliert die exakte Sinneserfahrung des Erfolgs visualisieren. Dann wird Ihr Unterbewusstsein Ihnen glauben und Ihnen helfen, die besten Pläne für Ihr Endziel zu verfolgen.

Ihr Millionär-Masterplan

- Erstellen Sie eine Liste Ihrer subjektiv wahrgenommenen Mängel. Erarbeiten Sie dann Möglichkeiten, jeden dieser Mängel als einen Vorteil oder eine Wachstumschance zu interpretieren, und schreiben Sie diese neben die Mängel.

- Erstellen Sie drei Affirmationen für sich, um den Geisteszustand des Glaubens zu kultivieren. Eine davon sollte sich auf Ihren sicheren Erfolg bezüglich Ihres konkreten wichtigsten Lebenszwecks konzentrieren.

____

____

____

____

____

- Malen Sie ein lebhaftes Bild von Ihrer Erfahrung, wenn Sie Ihr wichtigstes Verlangen im Leben erfüllen. Nutzen Sie alle Sinne, die Ihnen zur Verfügung stehen – Sehen, Hören, Riechen, Schmecken und Tasten –, und schmücken Sie die Details so konkret wie möglich aus.

____

____

____

____

____

- Verknüpfen Sie diese Visualisierung mit Ihren Affirmationen und entdecken Sie die Macht der Wiederholung und Vorstellungskraft, um die kreativen Mächte Ihres Unterbewusstseins zu aktivieren!

KAPITEL 3

SPARSAMKEIT: TRENNEN SIE WÜNSCHE VON BEDÜRFNISSEN

Ein schuldenfreier Mensch kann die Armut besiegen und Reichtum erlangen, doch wenn er verschuldet ist, ist dies nur selten möglich und nicht im Bereich des Wahrscheinlichen.

Napoleon Hill, *Das Gesetz des Erfolgs*

Ich begann meine berufliche Laufbahn als Assistenzmanager einer Firma für Privatkredite und besuchte die meiste Zeit über Menschen zu Hause, deren Kredite überfällig waren. Ich versuchte, ihnen zu Rückzahlungsoptionen zu verhelfen. Wenn sie es nicht schafften, war ich gezwungen, ihre Kreditsicherheiten zu beschlagnahmen. In jedem Zuhause, das ich aufsuchte, gab es Fernseher, aber außer der Bibel sah ich kein einziges Buch. Die meisten dieser Leute hatten gut bezahlte Jobs, aber sie bildeten sich nicht weiter. In den meisten Fällen arbeiteten sie für Unternehmen, die ihnen eine Unterkunft zur Verfügung stellten, und sie konnten im betriebseigenen Laden von Lebensmitteln bis zu Möbeln alles auf Kredit einkaufen. Aber wenn sie zusätzliches Geld benötigten, verließen sich viele dieser Menschen auf kleine Finanzdienstleister und zahlten dann jahrelang diese Kredite nicht zurück. Damals lag der Zinssatz bei etwa 20 Prozent.

Das Geschäft mit den Privatkrediten war kein guter Deal für Verbraucher. Das Kreditlimit lag damals bei 600 Dollar und man hatte maximal 20 Monate Zeit, um Kredite zurückzuzahlen. Die Zahlungen lagen normalerweise bei 37,53 Dollar pro Monat plus eine Gebühr von 10 Dollar für eine Lebensversicherung. Wenn der Privatkunde sich 600 Dollar lieh, musste er etwa 750 Dollar zahlen, wenn der Kredit fällig war. Sie fragen sich vielleicht, wieso ich dieses Privatkreditgeschäft erwähne. Der Grund lautet, dass es häufig wichtiger ist, zu lernen, was man nicht tun sollte, als zu lernen, was man tun sollte.

Mein Vater begann mit 17, unter Tage in einem Kohlebergwerk zu arbeiten. Ich erinnere mich daran, dass er mir erzählte, wie ein örtliches Warenhaus Sicherheitsstiefel verkaufte. Dieser Laden verlangte ein paar Dollar weniger für die Stiefel als der des Minenunternehmens. Eines Tages bemerkte ein älterer Minenarbeiter meinem Vater gegenüber, dass seine Stiefel neu aussähen, und fragte ihn, wo er sie gekauft habe. Mein Vater antwortete, er habe die Stiefel im Laden des Bergwerks gekauft wie alle anderen. Der ältere Minenarbeiter gab meinem Vater den Tipp, die Stiefel für weniger Geld im örtlichen Einzelhandel zu kaufen. Nach dieser Begegnung lernte mein Vater schnell die Lektion, einen weiten Bogen um den firmeneigenen Laden zu machen, wo die Leute bereitwillig einen Kredit bekamen, aber dadurch häufig in einen Teufelskreis der Schulden gerieten.

Das war in der Zeit nach dem Zweiten Weltkrieg, und viele Jahre kannten die meisten Minenarbeiter nur den betriebseigenen Laden. Die Minenstädte lagen isoliert in den Bergen, also war es schwierig, woanders hinzufahren, und einfacher, im Laden des Werks zu kaufen. Der Countrymusik-Star Ernie Ford erwähnte die Verlockungen des »Company Store« in seinem berühmten Lied »16 Tons«:

You load 16 tons, what do you get?
Another day older and deeper in debt.
St. Peter, don't you call me, 'cause I can't go.
I owe my sould to the company store.

(Man lädt 16 Tonnen, und was kriegt man dafür?
Einen Tag älter und noch mehr Schulden.
Heiliger Petrus, ruf mich nicht zu dir,
ich kann nicht gehen.
Ich schulde meine Seele dem Laden der Firma.)

Es liegt viel Wahres in diesem Text. 16 Tonnen war die Menge an Kohle, die ein Minenarbeiter mithilfe einer Schaufel verlud, was ihm keinen Wohlstand einbrachte – er machte nur noch mehr Schulden im Firmenladen.

Wie der Bergmann schaffen es auch heute viele Menschen nicht – oder viel zu spät –, ihre Finanzen in den Griff zu bekommen. In den meisten Fällen verarmen sie nicht wegen ihres niedrigen Lohns, sondern weil sie ihr Einkommen nicht richtig verwalten. Oft »lernen« sie das unzureichende Finanzmanagement von anderen oder weil sie sich nicht darum kümmern, aber egal, weshalb sie sich so verhalten – die Konsequenzen sind fatal. Je mehr Sie sich verschulden, desto weiter außer Reichweite ist das »bessere Leben«, bis der Traum der finanziellen Freiheit eines Tages durch die Realität ersetzt wird, von einem Gehaltsscheck zum nächsten zu leben. Zum Glück gibt es eine Alternative zu diesem Leben und diesem Umgang mit Finanzen, die in diesem Kapitel und im Verlauf des gesamten Buches erläutert wird. Mithilfe dieser Informationen erhalten Sie die Chance, raus aus der Schuldenfalle zu kommen und Wohlstand aufzubauen.

Schulden sind ein mentales Gefängnis

Bis Mitte des 19. Jahrhunderts war es in Amerika und England üblich, Leute, die ihre Schulden nicht zurückzahlten, in Schuldgefängnisse zu stecken – eine Praxis, die aufs 13. Jahrhundert zurückging. Waren sie erst einmal für ihr Schuldenvergehen inhaftiert, wurden diese Menschen in vielerlei Hinsicht schlechter behandelt als gemeine Kriminelle. Zum Beispiel waren Schuldner gezwungen, selbst für Essen und Kleidung zu sorgen, während es Kriminellen nicht so erging. Während die meisten Leute eine kurze Zeit im Gefängnis blieben, mussten manche Jahre dort verbringen.

Als der Schriftsteller Charles Dickens erst zwölf Jahre alt war, wurde sein Vater wegen Schulden im Londoner Schuldnergefängnis Marshalsea eingesperrt, wo seine gesamte Familie ebenfalls leben musste (das war üblich). Dickens beeinflusste diese Erfahrung so tiefgehend, dass er viele Szenen aus dem Schuldnergefängnis in seine Romane einbaute, besonders in *Klein Dorrit*. In der Geschichte sind die inhaftierten Schuldner so daran gewöhnt, sich zu verschulden, dass sie weiter Geld, das sie nicht haben, in der Gefängniskneipe ausgeben. Der Erzähler kommentiert: »Es war an der allgemeinen Stimmung der Gruppe ersichtlich, dass sie die Insolvenz als den normalen Zustand der Menschheit betrachtete und das Bezahlen von Schulden als eine Krankheit, die gelegentlich ausbrach.« Jahrhundertelang wurden Schulden über mehrere Generationen weitergegeben, sodass man glaubte, verschuldet zu sein, wäre normal und natürlich und nicht der niederschmetternde Zustand, der es tatsächlich ist.

Schuldgefängnisse wurden per Bundesgesetz in den Vereinigten Staaten 1833 verboten, auch wenn einige Staaten noch jahrelang Schuldner einsperrten. Großbritannien schaffte die Schuldgefängnisse 1869 ab. Es gibt Orte wie Dubai oder Hong-Kong, wo Menschen immer noch mit Gefängnis bestraft werden, wenn sie ihre Schulden nicht bezahlen. Aber auch wenn Schuldner in den meisten Ländern sich nicht aufgrund ihrer Insolvenz hinter Gittern wiederfinden, befinden sie sich doch in einem mentalen Gefängnis, das ihre Optionen im Leben einschränkt.

Schulden sind eine moderne Form der Sklaverei, wie es Ambrose Bierce in *Des Teufels Wörterbuch* festhält, wo er Schulden als »einen genialen Ersatz für die Kette und die Peitsche der Sklaventreiber« definiert. Hill teilt eine ähnliche Perspektive und schreibt:

»Niemand leistet seine beste Arbeit, niemand drückt sich selbst so aus, dass es ihm Respekt einbringt, niemand kann einen konkreten Lebenszweck finden oder danach leben, wenn hohe Schulden wie ein Damoklesschwert über seinem Kopf hängen. Derjenige, der an die Schuldsklaverei gekettet ist, ist genauso hilflos wie der Sklave, der von tatsächlichen Ketten gebunden ist.

Wer an die Schuldsklaverei gebunden ist, hat weder die Zeit noch das Interesse, sich Ideale zu bilden oder nach diesen zu leben. Daher sinkt er mit der Zeit immer tiefer, bis er sich mentale Grenzen setzt und sich somit in den Gefängnismauern von ANGST und Zweifel einsperrt, denen er nie entkommen wird.«

NAPOLEON HILL

Schulden nehmen den Verstand gefangen, sodass Sie Ihr vorrangiges Verlangen nicht zielstrebig und zweckorientiert verfolgen können, und sie begrenzen die Unterstützung, die Sie von anderen mit Blick auf Ihr Hauptziel erhalten. Daher ist es essenziell, einen Plan zu erstellen, um alle Schulden zu tilgen, die nicht mit dem Abzahlen eines Hauses einhergehen – Kreditkartenschulden, medizinische Rechnungen, frühere Steuern und Kredite (Studienkredit, Privatkredit, Mietkredit, Autokredit) –, wenn Sie auf Ihrer Erfolgsreise weiterkommen wollen.

Wie Sie den Schulden entkommen

Elmer und Suzy verfügten über ein gemeinsames Einkommen von weniger als 30 000 Dollar. Wenn wir ihr Leben betrachten, zeigt sich, wieso beide unterhalb der Armutsgrenze feststeckten. Beide hatten weder einen Highschool-Abschluss noch eine Ausbildung. Elmer arbeitete im Baugewerbe, und eine ältere Dame gab ihm öfter kleine Aushilfsjobs, aber er schaffte es nie aus der Armut heraus. Ein Job, den diese Dame für ihn organisierte, war Gartenarbeit, die er im Sommer nach seiner regulären Berufstätigkeit erledigte. Suzy fuhr Elmer zum Haus und wartete drei Stunden im Auto, während er arbeitete. Elmers Führerschein war eingezogen worden, weil er den Unterhalt für sein Kind nicht gezahlt hatte. Suzy fuhr einen großen alten Lincoln, den sie gekauft hatten, weil er sie an die Figur von Matthew McConaughey im Film *Der Mandant* erinnerte, der auf Michael Conellys gleichnamigem Roman aus dem Jahr 2005 basierte. Bei ihrem geringen Einkommen war dieser Autokauf eine schlechte Entscheidung, durch die sie sich immer mehr verschuldeten.

Elmer tauchte eines Tages nicht bei seiner Teilzeitarbeit auf, und statt die Situation zu erklären, ignorierte er die Anrufe seines Chefs. Er und Suzy hatten Handys, obwohl sie behaupteten, die Zulassung für den Lincoln nicht bezahlen zu können. Da die Nummernschilder nicht mehr gültig waren, erhielten sie einen Strafzettel, und sie machten sich Sorgen, ob sie die Fahrt zur Arbeit erneut riskieren sollten. Hätten sie in finanzieller Hinsicht schlauer entschieden, hätten sie dieses Problem einfach aus der Welt geschafft. Das Apartment war nur eine Meile vom Haus von Elmers Chef entfernt, und Elmer hätte nur einen Abend Teilzeitarbeit leisten müssen, um neue Nummernschilder für den Lincoln kaufen zu können.

Einer weiteren schlechten finanziellen Entscheidung zufolge hatten sie einen Kleinkredit von einem Finanzdienstleister aufgenommen, der Elmer nun kein Geld mehr gab. Er und Suzy hatten ihr Limit von 300 Dollar erreicht und steckten schon seit Jahren in Schulden. Ein großer Teil jedes Gehaltsschecks wurde dafür verwendet, die Zinsen für diesen Kredit zu bezahlen, also musste Elmer, bevor er überhaupt entlohnt wurde, ständig versuchen, noch einen Kredit aufzunehmen. Das Paar bezahlte bis 2009 im Jahr 360 Prozent Zinsen, die dann auf 290 Prozent im Jahr gesenkt wurden.

Wie bei vielen Menschen hatten die finanziellen Probleme von Elmer und Suzy mit ihrem Verhalten zu tun. Hätten sie mit genug Nachdruck beschlossen, ihre finanzielle Situation zu ändern, sodass es ihr brennendes Verlangen geworden wäre, hätten sie folgende Schritte unternehmen sollen:

Zuerst hätte Elmer eine Liste der Leute erstellen sollen, für die er schon Aushilfsarbeiten erledigt hatte. Weil er im Baugewerbe tätig war und oft ein oder zwei Tage pro Woche freihatte, hätte er herumtelefonieren und passende Teilzeitjobs suchen können.

Als Nächstes hätte Elmer ein für allemal seinen Kleinkredit loswerden sollen. Indem er genug Nebenjobs übernommen hätte – heute heißt es wohl »Side Hustles« –, hätte er den Kredit abbezahlen und sich abgewöhnen können, mehr auszugeben, als er verdiente. Er hätte den Lincoln, einen Benzinfresser, gegen einen Pick-up-Truck eintauschen können, der für seine Baustellenarbeit nützlicher gewesen wäre. Damit hätte er sein Geschäft ausweiten und Transporte übernehmen oder Hecken schneiden können.

Zudem hätte Elmer, statt Kredite auf noch nicht verdientes Geld aufzunehmen, Beträge aus seinem Gehaltsscheck auf ein Sparbuch einzahlen sollen. Elmer und Suzy hatten sich nie um Bankgeschäfte gekümmert, abgesehen davon, freitags Elmers Gehaltsscheck einzulösen, und dann wurde dieses Geld schnell ausgegeben. Sie hätten zuerst etwas für sich beiseitelegen sollen, indem sie mindestens 10 Prozent ihres Gehaltsschecks auf dieses Sparbuch eingezahlt und damit einen Notfallfonds über mindestens drei Monatsgehälter eingerichtet hätten.

Wenn Elmer und Suzy auf diese Weise Geld für schlechte Zeiten gespart hätten, wäre es ihnen möglich gewesen, in Werkzeuge zu investieren, mit denen Elmer sein Repertoire an potenziellen Nebenjobs erweitert hätte – Dinge wie eine Kettensäge, eine Schubkarre und eine weitere Grundausstattung an Werkzeugen. Das hätte ihm neue Verdienstoptionen erschlossen, und seine und Suzys Lage hätte sich gebessert.

»Wer etwas erreichen will, muss über Münzen verfügen, die in seiner Tasche klimpern.«

GEORGE S. CLASON

Wenn bei Ihnen Kreditkartenschulden oder Privatkredite vorliegen, sollten Sie nicht weiter auf Kredit kaufen. Schulden schaden doppelt, wenn Sie Vermögen bilden möchten, denn Sie bezahlen nicht nur Zinsen auf Ihre Schulden, sondern reduzieren auch den Betrag, den Sie aktuell zu sparen imstande sind. Sie werden nie vorankommen, wenn Sie den Verdienst dieses Monats für die Käufe des letzten Monats – oder gar des letzten Jahres – ausgeben. Darüber hinaus festigen die Schulden Ihr Armuts-Mindset, das Sie davon abhält, in Wohlstandsbegriffen zu denken. Sobald Sie Ihre Schulden abbezahlen, erlangen Sie die mentale Freiheit, um Wohlstand und Chancen anzuziehen. Das ist schlicht unmöglich, solange Sie im Kreislauf feststecken, Schulden zurückzuzahlen.

Brechen Sie noch heute mit der Gewohnheit, auf Kredit zu kaufen. Stoppen Sie dieses destruktive Verhalten, indem Sie konstruktiv budgetieren. Wie Hill sagt: »Nur eine unerwünschte Angewohnheit aufzugeben, ist nicht genug, denn solche Gewohnheiten haben die Neigung, wieder aufzutauchen, es sei denn, der Platz, den sie bisher im Verstand eingenommen haben, wird durch eine neue Angewohnheit anderer Natur ersetzt.« Stellen Sie ein Budget auf, das jedem Dollar Ihres Einkommens einen Zweck zuordnet, und stellen Sie sicher, sich selbst zuerst finanziell zu versorgen. Wie wir im Kapitel über das Sparen besprechen werden, ist es wichtig, mindestens 10 Prozent des Einkommens zu sparen, bevor man Geld für andere Dinge ausgibt. Überprüfen Sie Ihre Ausgaben der letzten Monate und erstellen Sie eine Liste an Kategorien, für die Sie Geld ausgeben. Ordnen Sie allen nötigen Kategorien Geldbeträge zu, aber werfen Sie einen genauen Blick auf die willkürlichen Ausgaben. Brauchen Sie diese nicht essenziellen Dinge wirklich oder werden Sie auf lange Sicht mehr Freude haben, wenn Sie das Geld sparen oder investieren?

Sobald Sie Ihren Lebensstil nicht mehr mit Krediten finanzieren und bar zahlen, sollten Sie planen, wie Sie Ihre Schulden effizient abtragen, um nicht in einem Kreislauf stecken zu bleiben, bei dem die Zinsen die ursprünglichen Ausgaben übersteigen. In der Parabel auf den Tontafeln in *Der reichste Mann von Babylon* wendet der Professor, der die zeitlosen finanziellen Weisheiten der alten Babylonier übersetzt, die Prinzipien an und nutzt unter anderem 20 Prozent seines monatlichen Einkommens, um Schulden zu tilgen. Er begreift, wie wirkungsvoll es ist, einen fixen Betrag zur Schuldenabtragung festzulegen, denn er wird so seine Schulden und die seiner Familie los. Diese Veränderung wirkt sich weiterhin positiv aus: Er und seine Frau geben fortan ihr Geld bewusster aus und finden günstigere Alternativen für viele ihrer laufenden Kosten. Als sie dann schuldenfrei sind, planen sie, die bisherigen 20 Prozent für die Schuldenabtragung zu sparen, statt einen teureren Lebensstil zu führen und wieder in den Schuldenkreislauf zu geraten. Es erstaunt sie, herauszufinden, was sie alles mit dem gleichen Gehalt erreichen: »Wir kommen finanziell besser über die Runden als je zuvor. Wer hätte geglaubt, dass die Resultate so unterschiedlich sein würden, wenn man einem finanziellen Plan folgt und nicht nur einfach dahintreibt.«

Mithilfe eines konkreten Plans bekommen Sie Ihre Finanzen in den Griff und stellen sicher, sie mit Sachverstand zu verwalten, sodass sie sich vor Monatsende nicht mehr in Luft auflösen.

»Wenn Sie Dinge kaufen, die Sie nicht brauchen, werden Sie bald Dinge verkaufen müssen, die Sie brauchen.«

WARREN BUFFETT

Wenn Sie feststellen, dass Ihr aktuelles Einkommen nicht ausreicht, um Ihre Schulden schnell genug zurückzuzahlen, sollten Sie Wege finden, mehr einzunehmen. Wie schaffen Sie es, Ihre Ressourcen für mehr Einkommen zu nutzen, wie Zeit, Fähigkeiten und Zugang zu einem Auto? Während der Covid-19-Pandemie waren viele Menschen für Dienstleister wie DoorDash oder Uber Eats tätig, um ihr Gehalt aufzustocken oder einen Verdienstausfall auszugleichen. Wer solche »Side Hustles«, also Nebenjobs, annahm, stellte oft fest, dass er nicht nur Grundausgaben für notwendige Dinge besser bestreiten, sondern auch Schulden schneller abtragen konnte – weil er bereit war, seine Ressourcen zu nutzen, um mehr zu verdienen.

Was ist Ihnen wichtig?

Wer Wohlstand anstrebt, sollte in der Lage sein, seine Ausgaben richtig zu bewerten. Wert ist natürlich relativ: Eine Person gibt vielleicht gerne mehr aus, um essen zu gehen und für Unterhaltung, während jemand anders gerne materielle Produkte kauft. Manche Menschen erwerben gerne viele günstige Waren, während andere lieber weniger mit höherer Qualität kaufen. Aber selbst die reichsten Menschen der Welt sind nicht in der Lage, alles Erdenkliche anzuschaffen: Sie haben zwischen Wünschen und Bedürfnissen zu unterscheiden und genug Mittel für beliebige Ausgaben sicherzustellen, um ihre Wünsche zu befriedigen, ohne dabei weniger zu sparen. Oftmals leben gerade die Reichsten eher bescheiden. Robert Kiyosaki, Autor von *Rich Dad, Poor Dad*, meint dazu: »Reiche Menschen kaufen die Luxusgegenstände zuletzt, während arme Leute und die Mittelklasse dazu neigen, Luxusgüter zuerst zu kaufen.« Nicht selten bezahlen wohlhabende Personen gebrauchte Autos bar, während Menschen aus der Mittelklasse einen Neuwagen mit einem fünf Jahre laufenden Kredit kaufen, sodass sie es nicht schaffen, jeden Monat genug Geld zu sparen. Laut einer BBC-Dokumentation kauft Warren Buffett Autos zu reduzierten Preisen – oft solche mit Hagelschäden. Den wirklich Reichen liegt normalerweise nichts daran, Geld auszugeben, um andere zu beeindrucken; sie wissen, dass es besser ist, bescheiden zu leben, gewissenhaft zu sparen und großzügig zu geben.

Außerdem brauchen Sie keine Million, um wohlhabend zu sein. Der Betrag, der erforderlich ist, um finanziell unabhängig zu werden, hängt vom persönlichen Lebensstil ab, wie die Geschichte von Tim illustriert.

Die Napoleon Hill Foundation liegt auf dem Campus der University of Virginia-Wise. Dort verfügen wir über klimatisierte Lagerräume, um Audioaufnahmen und Bücher zu archivieren. Um das Material in diese Lager oder aus ihnen abzutransportieren, arbeiten wir mit einer großen Spedition zusammen.

Tim, einer der Lkw-Fahrer, war sich bewusst, welche Bücher er herumkutschierte. Eines Tages erzählte er mir von seinen Finanzen: »Als ich eine Stelle fand, mein erstes Auto abgezahlt und es eine Weile gefahren hatte, dachte ich, ich bräuchte einen neuen Wagen. Mein Vater sagte mir, ich sollte mich bei Kaufentscheidungen nicht von meiner Freundin oder jemand anderem beeinflussen lassen. Er meinte, ich sollte herausfinden, wie viel der Wagen im Unterhalt kosten würde, wie hoch die Zinsen lägen und was ich pro Monat abzahlen müsse, und wie viele Monate das dauern würde. Dann sollte ich mir meinen Gehaltsscheck ansehen und überlegen, wie viele Tage im Monat ich arbeiten müsse, um den neuen Wagen zu bezahlen. So würde ich vielleicht zum Schluss kommen, dass ich gar keinen neuen Wagen brauchte – sondern ihn mir nur wünschte. Er meinte, im Leben sollte man sich nicht von seinen Wünschen überrumpeln lassen.«

Auch wenn Tims Vater die Schule nur bis zur achten Klasse besucht hatte, verfügte er über mehr Lebenserfahrung als die meisten College-Absolventen. Er ermunterte Tim auch, für schlechte Tage zu sparen, denn jeder erlebt mal eine Flaute. Tim hält nun seit 22 Jahren dieselbe Stelle, hat sein Haus und sein Auto abbezahlt und keine Kreditkarten- oder anderen Schulden. Er meinte, er erinnere sich stets daran, was ihm sein Vater geraten hat, und spart immer 15 Prozent seines Einkommens.

Hören Sie auf Tims Tipp: »Wenn man den Unterschied zwischen Wünschen und Bedürfnissen kennt, wird man im Leben nie finanzielle Probleme haben.« Warren Buffetts Rat ist hier ebenfalls relevant: »Wenn Sie bei den kleinen Dingen undiszipliniert sind, werden Sie vermutlich auch bei den großen undiszipliniert sein.«

Wenn Sie überlegen, etwas anzuschaffen – und ich meine keine Kleinigkeiten wie eine Flasche Wasser, sondern etwas, das Ihre Finanzen belastet –, stellen Sie sich die folgenden Fragen:

1. Ist es etwas, das ich mir wünsche oder das ich brauche?
2. Kann ich es bar bezahlen?
3. Wird diese Anschaffung einen negativen Einfluss auf meine Finanzen haben?
4. Denke ich über diesen Kauf nach, weil andere mich beeinflusst haben, zum Beispiel Marketingleute, die nicht unbedingt meine Interessen im Blick haben?

5. Was wird mich diese Anschaffung insgesamt kosten? (Denken Sie über alle Kosten nach: die direkte finanzielle Ausgabe, sekundäre finanzielle Kosten, emotionaler und spiritueller Aufwand et cetera.)
6. Wie viele Arbeitsstunden werden Sie leisten müssen, um diese Ausgabe zu bezahlen?

Wenn Sie weiter unnötige Dinge kaufen, und sofern Sie finanziell noch nicht sicher im Sattel sitzen, werden Sie nie »das gute Leben« erreichen.

Einer der größten Verbraucherfehler ist der Impulskauf. Sicher kennen Sie es von der Kasse im Supermarkt, dass auf beiden Seiten kleine Produkte aufgereiht sind, die zu Impulskäufen anregen sollen. Das sind Waren, die man gerne mal zusätzlich kauft, die aber vermutlich nicht auf Ihrer Einkaufsliste standen und die Sie auch nicht brauchen. Ihr Einkauf wird schnell teurer, ohne dass Sie groß nachdenken oder es realisieren, wenn Sie einfach ein paar dieser Dinge auf das Kassenband legen.

»Es gibt zwei Möglichkeiten, glücklich zu leben: Wir verringern entweder unsere Wünsche oder erhöhen unsere finanziellen Mittel. Beides wird funktionieren, und das Ergebnis ist dasselbe. Und jeder Mensch muss dabei selbst entscheiden und das tun, was für ihn am einfachsten ist. Wenn Sie untätig, krank oder arm sind, mag es Ihnen schwerfallen, Ihre Wünsche zu verringern, doch es wird schwieriger für Sie sein, Ihre Mittel zu erhöhen. Wenn Sie aktiv und wohlhabend oder jung und gesund

sind, mag es einfacher für Sie sein, mehr zu verdienen, als Ihre Wünsche zu verringern. Aber wenn Sie klug sind, werden Sie beides gleichzeitig schaffen, ob Sie jung oder alt, reicht oder arm, krank oder gesund sind. Und wenn Sie weise sind, wird Ihnen beides derart gelingen, dass es das allgemeine Wohl der Gesellschaft mehrt.«

BENJAMIN FRANKLIN

Wenn Sie nicht in der Lage sind, einen Teil Ihres Einkommens zu sparen, werden Sie keine finanzielle Sicherheit erlangen. Wenn Sie Ihr ganzes Einkommen ausgeben und konsumieren, werden Sie sich nicht finanziell absichern. Käufe, die auf Wünschen beruhen, sind nicht das Gleiche wie Käufe, die auf Bedürfnissen beruhen. Es empfiehlt sich, Wunschkäufe eine Weile zu verschieben, bis Sie über eine gewisse Sicherheit verfügen, wofür Sie am besten einen Notfallfonds anlegen, der mindestens drei bis sechs Monate lang Ihre wichtigsten Alltagsausgaben abdeckt.

Wollen Sie überleben oder leben?

Um die Fähigkeit, Befriedigung aufzuschieben, ging es in einem berühmten Experiment, das Walter Mischel 1972 an der Stanford University durchführte. Man bot den Kindern, die an der Studie teilnahmen, einen Marshmallow und sagte ihnen, sie würden statt einem zwei Marshmallows erhalten, wenn sie dem Drang widerstünden, den Marshmallow zu essen. Wissenschaftler stoppten die

Zeit, um zu sehen, wie lang jedes Kind es schaffte, den Marshmallow nicht zu essen. Auf diese Weise zeigten sie, dass die Kinder, die länger widerstanden, später im Leben erfolgreicher waren. Sie stellten fest, dass die Fähigkeit, Befriedigung aufzuschieben, auf größere Selbstkontrolle hinwies, eine der wichtigsten Voraussetzungen für den Erfolg.

Auch wenn dieser Test an Kindern durchgeführt wurde, ist er leicht auf Erwachsene anzuwenden. Wenn Sie es sich nicht verkneifen können, Geld auszugeben, bis Sie sich in gewissem Maße finanziell abgesichert haben, dann werden Sie vielleicht überleben. Aber es sind zwei verschiedene Existanzarten, zu überleben oder zu leben. Die gute Nachricht lautet: Ob Sie überleben oder leben, liegt ganz an Ihnen.

In einer der Parabeln in *Der reichste Mann von Babylon* erzählt ein Kaufmann eine Geschichte, die illustriert, wie wichtig es ist, kein Geld für Wünsche auszugeben, solange man sich noch kein finanzielles Polster geschaffen hat. Als der Kaufmann in jungen Jahren ein profitables Investment angeboten bekommt, lehnt er ab, denn er denkt sich: »Es gab schicke neue Gewänder, die gerade von einem Händler aus dem Osten geliefert worden waren. Gewänder, die so üppig und wunderschön waren, dass meine gute Frau und ich das Gefühl hatten, unbedingt eines besitzen zu müssen. Sollte ich zustimmen, ein Zehntel meines Einkommens in das Unternehmen zu stecken, hätten wir uns dieses und andere Vergnügen verkneifen müssen, die wir so dringlich begehrten.« Weil er flüchtige Vergnügungen wichtiger nahm als finanzielle Sicherheit, verpasste der Kaufmann die Chance, sein Vermögen zu vergrößern und finanzielle Freiheit zu erreichen. Wenn er seinen Kauf der schicken Gewänder aufgeschoben hätte, bis er über ein finanzielles Polster verfügte, wäre er in der Lage gewesen, später im Leben mehr Güter dieser Welt zu genießen. Wenn Sie das momentane Vergnügen, etwas anzuschaffen, gegen die Befriedigung langfristiger finanzieller Sicherheit eintauschen, werden Sie mit dem Seelenfrieden der wirtschaftlichen Unabhängigkeit belohnt.

Nichts, was Sie mit Geld kaufen können, ist wichtiger als Ihre finanzielle Freiheit.

Was Sie in puncto Ausgaben entscheiden, nachdem Sie Ihre Grundbedürfnisse abgedeckt haben, bestimmt, in welchem Umfang Ihr künftiges Vermögen anwächst. Letztlich ist es wichtig, daran zu denken, das nichts, was Sie mit Geld kaufen können, wichtiger ist als Ihre finanzielle Freiheit.

Tipps, um wohlhabender zu werden

- Schulden sind ein mentales Gefängnis, das Ihre Gedanken, Ideen, Chancen, Ihr Potenzial für die Zusammenarbeit mit anderen sowie Ihr ökonomisches Wachstum einschränkt.
- Hören Sie auf, Dinge auf Kredit zu kaufen, und zahlen Sie lieber alles sofort oder bar.
- Ersetzen Sie die destruktive Angewohnheit, auf Kredit zu kaufen, durch die konstruktive Angewohnheit, ein Budget festzulegen. Verwenden Sie die ersten 10 Prozent Ihres Einkommens für Ihre persönlichen Ersparnisse und so viel

wie möglich, um Schulden zu tilgen – in *Der reichste Mann von Babylon* werden 20 Prozent empfohlen.

- Suchen Sie nach Chancen, mehr Geld einzunehmen, um Ihre Schulden schneller abzuzahlen. Überlegen Sie, welche Ressourcen und Fertigkeiten Ihnen zur Verfügung stehen, und planen Sie, wie daraus ein Nebenerwerb werden könnte.
- Nehmen Sie Ihre Käufe unter die Lupe, um festzustellen, welche Ihnen wirklich etwas nützen. Unterscheiden Sie zwischen tatsächlichen Bedürfnissen und Wünschen, und warten Sie damit, sich Letztere zu erfüllen, bis Sie finanzielle Sicherheit erlangt haben.
- Wohlhabende Menschen geben kein Geld aus, um andere zu beeindrucken; sie wissen, dass es besser ist, bescheiden zu leben, gewissenhaft zu sparen und großzügig zu geben.
- Selbstkontrolle ist eine der wichtigsten Voraussetzungen für Erfolg. Bevor Sie etwas nicht Notwendiges anschaffen, bedenken Sie, dass nichts, was Sie für Geld bekommen, wichtiger ist als Ihre finanzielle Freiheit.

Ihr Millionär-Masterplan

- Listen Sie all Ihre Schulden auf, die nicht mit einer Hypothek zusammenhängen. Dazu gehören Kreditkartenschulden, Kredite (persönliche, für ein Auto, für eine Ausbildung, zusätzliche Hauskredite, für die Familie sowie alle anderen Kredite), medizinische Rechnungen, Steuerschulden sowie alle anderen Schulden.

____

____

____

____

____

➢ Erstellen Sie ein Budget, indem Sie jedem Euro Ihres Gehaltsschecks einen Zweck zuweisen. Bezahlen Sie sich zuerst selbst: Verwenden Sie mindestens 10 Prozent für Ihr persönliches Sparkonto (nicht mehr, solange Sie noch Schulden haben) oder Investments, sollten Sie bereits einen Notfallfonds erspart haben, der drei bis sechs Monate Ihres Lebensunterhalts abdeckt. (Bedenken Sie, dass diese 10 Prozent zusätzlich zu den Rentenzahlungen anfallen, die automatisch Ihrem Gehaltsscheck entnommen werden.) Als Nächstes sollten Sie festlegen, wie viel Sie im vernünftigen Rahmen jeden Monat für die Schuldentilgung aufwenden können – markieren Sie dies als zweiten Punkt auf Ihrer Budgetliste. Vom verbliebenen Geld sollten Sie ausschließlich etwas Nützliches kaufen.

- Monatseinkommen: ______________________
- Sparen/Investieren: ______________________
- Schuldentilgung: ______________________
- Spenden (für gute Zwecke oder Kirche): ___________
- Hypothekenrückzahlung: ______________________

- Gebühren für die Eigentümergemeinschaft: ________
- Versicherungen (Auto, Haus, Leben, et cetera): ______
- Grundsteuer: ________________________________
- Renovierungen/laufende Kosten: ________________
- Telefonrechnung: _____________________________
- Strom/Gas/Heizöl: ____________________________
- Wasser/Abwasser: _____________________________
- Müllentsorgung: ______________________________
- Zahlungen fürs Auto: __________________________
- Benzin: ____________________________________
- Kfz-Steuer/Zulassungsgebühren: __________________
- Einkäufe: ___________________________________
- Restaurants: _________________________________
- Krankenhaus-/Arztrechnungen/Medikamente: ______
- Unterhaltung: ________________________________
- Körperpflege (Frisör et cetera): ________________
- Kleidung: ___________________________________
- Sport/Wellness: _______________________________
- Geschenke: __________________________________
- Kinderbetreuung. ______________________________
- Verschiedenes: ________________________________

➢ Wie unterscheiden Sie zwischen einem »Wunsch« und einem »Bedürfnis«? Welche Dinge (finanziell oder immateriell) stellen in Ihrem Leben einen zusätzlichen Wert dar?

- Wünsche:

____

____

____

____

____

- Bedürfnisse:

____

____

____

____

____

➢ Denken Sie über Ihre Ausgaben in den letzten Monaten nach. Wie viel Geld haben Sie für Wünsche und wie viel für Bedürfnisse ausgegeben? Wie können Sie dieses Verhältnis in Zukunft verändern, um den Stellenwert zu erhöhen, den Sie ab jetzt finanzieller Sicherheit beimessen?

____

____

____

____

____

➢ Wiederholen Sie diese Affirmation jedes Mal, wenn Sie darüber nachdenken, etwas zu kaufen:

Ich habe mich im Griff. Ich weiß, was mir im Leben wirklich wichtig ist. Ich muss andere nicht mit meinen Anschaffungen beeindrucken. Finanzielle Sicherheit und die Möglichkeit, anderen großzügig etwas zu geben, sind die höchsten Ziele, für die ich mein Geld nutzen kann.

KAPITEL 4

ARBEIT: STEIGERN SIE IHR EINKOMMEN

»In der Arbeit liegt Freude. Das wahre Glück liegt allein im Wissen, etwas erreicht zu haben.«

Henry Ford

Wohlstand aufzubauen, beinhaltet mehr, als finanziell diszipliniert zu sein; es erfordert, genug zu verdienen, um alle Bedürfnisse sowie einige Wünsche bezahlen zu können, und genug übrig zu haben, um zu sparen und zu investieren. Es gibt kaum Abkürzungen zum beständigen Wohlstand. Zwielichtige Methoden, um schnell reich zu werden, die hohe und schnelle Erträge für ein minimales Investment von Zeit und Geld versprechen, enden fast immer im finanziellen Verlust. Zudem berichtet das National Endowment for Financial Education: »Etwa 70 Prozent aller Menschen, die in der Lotterie gewinnen oder überraschend zu viel Geld kommen, gehen innerhalb weniger Jahre pleite.« Da sich langfristiger Wohlstand meistens aus anhaltendem Sparen und Investieren ergibt, ist es essenziell, eine sinnstiftende Arbeit zu finden, die Ihnen genug Einkommen verschafft, um Ihr konkretes Hauptziel zu erreichen.

Finden Sie Ihr Lebenswerk

Wieso sind so viele Menschen nicht erfolgreich, obwohl sie arbeiten? Der erste Grund lautet, dass die allermeisten ihre Karriere nicht gründlich planen. Sie nehmen den ersten Job an, der ihnen nach der Schule angeboten wird, und denken nie wirklich darüber nach, ob er zu ihrem Besten ist. Und dann fragen sie sich, wieso sie so unglücklich sind! Beachten Sie, was Napoleon Hill über dieses Phänomen sagt: »Haben Sie je innegehalten, um darüber nachzudenken, dass die meisten Menschen die Schule beenden und eine Stelle oder ein Gewerbe antreten, ohne die leiseste Vorstellung von etwas, das einem konkreten Zweck oder Plan nahekommt? Angesichts dessen, dass die Wissenschaft exakte Methoden und Wege entwickelt hat, um den Charakter zu analysieren und zu definieren, für welche Arbeit Menschen sich am besten eignen, ist es da nicht eine moderne Tragödie, dass 95 Prozent der erwachsenen Bevölkerung der Welt aus Männern und Frauen besteht, die versagen, weil sie nicht die richtige Nische in der heutigen Arbeitswelt gefunden haben?«

Hill erzählt von einem Mann, der den ganzen Tag an einer Straßenecke Erdnüsse verkauft – nicht weil es ihm Spaß macht (es ist nichts dagegen einzuwenden, Erdnüsse zu verkaufen, wenn das Ihren Zielen dient), sondern weil er sich nie die Zeit genommen hat, seinen konkreten Lebenszweck zu finden, um mit seiner Arbeit mehr zu verdienen. Hill meint dazu: »Er verkauft die Erdnüsse, weil er im Meer des Lebens herumtreibt, und eine der Tragödien seiner Arbeit besteht darin, dass er mit demselben Aufwand sehr viel mehr erreichen könnte, wenn er ihn anders ausrichten würde.«

»Alle, die erfolgreich sind, arbeiten mit einem konkreten, alles überragenden Ziel, das als Objekt für all Ihre Mühen dient.«

NAPOLEON HILL

Es bieten sich viele Optionen an, um festzustellen, für welche Arbeit man sich am besten eignet – CliftonStrengths, der MAPP-Test *(Motivational Appraisal Personal Potential)* den DISC-Test, den Myers-Briggs-Typenindikator, um nur einige zu nennen –, daher gibt es keine Entschuldigung dafür, nicht zu wissen, welche Tätigkeit Ihren natürlichen Neigungen entspricht *und* Ihre Motivation weckt. Hill zufolge wird die Arbeit, die Ihnen am meisten liegt, Ihnen auch das meiste Vergnügen bereiten – »denn es ist eine wohlbekannte Tatsache, dass ein Mensch am erfolgreichsten ist, wenn er Herz und Seele in seine Arbeit einbringen kann«.

In *Gute 88 Jahre* erläutert der Selfmade-Millionär und Präsidentenberater Bernard Baruch, dass so viele Menschen auf der Welt deswegen in Armut leben, weil sie das Motiv des Profits nicht verstehen, das der Schlüssel zur individuellen Freiheit ist. Er nennt drei allgemeine Anreize, zu arbeiten: die Liebe zur eigenen Arbeit oder der Wunsch, sich für andere nützlich zu machen, das Streben nach Profiten und Gewinnen sowie der Druck vonseiten einer Autorität. Was den letzten Grund betrifft, ist Druck nie ein Rezept, beständig motiviert zu bleiben. Am meisten motiviert es uns, wenn unser Lebenszweck uns zur Arbeit oder einer selbst gewählten Karriere antreibt – weil wir die Tätigkeit oder den Lebenszweck, den sie uns gibt, lieben (etwa wenn Ihre Arbeit anderen hilft).

Wir befassen uns hier damit, frühzeitig Ihr Lebenswerk – Ihre Berufung – zu definieren, um dann alles andere außer Acht zu lassen, um es zu verfolgen. Dieses Lebenswerk sollte entweder Ihr konkreter wichtigster Lebenszweck sein oder etwas, das diesen direkt unterstützt. Wie Hill schreibt: »Es gibt etwas, das Sie besser tun können als jeder andere auf der Welt. Suchen Sie danach, bis Sie wissen, womit Sie sich beschäftigen sollten, und machen Sie es zu Ihrem konkreten Hauptziel. Dann sollten Sie alles daransetzen, um es in Angriff zu nehmen, im festen Glauben, dass Sie es schaffen werden.«

Wenn Sie Ihr Lebenswerk definieren, machen Sie sich klar, dass es zwei ehrliche Wege gibt, um zu Geld zu kommen: Sie liefern entweder eine Dienstleistung oder ein Produkt, für das jemand anderes bereitwillig bezahlt. Denken Sie dabei an die kreativen Erfinder, die buchstäblich die Welt eroberten: Thomas Edison mit der Glühbirne, Alexander Graham Bell mit dem Telefon und in jüngerer Vergangenheit Steve Jobs, Bill Gates, Elon Musk und andere im Technologiebereich, die das Leben auf dem Globus einfacher gestalten.

Die Dienstleistungsindustrie ist keine Ausnahme. Denken Sie zum Beispiel an die Geschichte von Fred Smith und Federal Express. Smith hatte die Idee, Pakete abzuholen, sie zu einem zentralen Umschlagsort zu bringen, zu sortieren und auszuliefern, all das innerhalb eines Tages. Im College schrieb er ein Paper über diese Idee, das seinen Professor aber nicht beeindruckte. Heute ist FedEx ein milliardenschweres Unternehmen, das auf der gesamten Welt bekannt ist. Ray Kroc sah eine Möglichkeit für Wachstum in der Lebensmittelbranche und kaufte ein kleines Fastfood-Restaurant. Unter seiner Führung wuchs dieses kleine Restaurant schnell zu einer weltweiten Kette, die heute als McDonald's bekannt ist.

Manche Menschen kreieren brandneue Produkte und errichten daraus milliardenschwere Unternehmen, während andere bestehende Firmen vorantreiben und erweitern. Für beide Methoden bedarf es Ideen, harter Arbeit, Engagement und Durchhaltevermögen, um die besten Resultate zu erzielen. Fragen Sie sich selbst: »Was wollen die Leute, und wie kann ich es ihnen durch ein besseres Produkt, einen besseren Preis oder eine bessere Dienstleistung auf eine Weise liefern, die zu einem nachhaltigen Geschäft führt?« Sobald Sie den Bedarf der Verbraucher herausgefiltert haben, sollten Sie festlegen, wie Sie diesen Wunsch oder dieses Bedürfnis befriedigen.

Nachdem Sie die Logistik konzipiert haben, um diesen Bedarf zu befriedigen, sollten Sie die Nachfrage der Kunden auf eine oder mehrere Arten bedienen. Ein günstigerer Preis motiviert manch einen Käufer, aber höhere Qualität ist ebenfalls ein Kaufanreiz. Verlässlicher Service sollte ebenfalls nicht übersehen werden. Marketing für ein Produkt oder eine Dienstleistung zu betreiben, wird mehr potenzielle Kunden auf Ihr Produkt oder Ihre Dienstleistung aufmerksam machen.

Ob Sie auf eigene Rechnung ins Business einsteigen oder eine Dienstleistung für ein Unternehmen erbringen: Nutzen Sie die

Kraft Ihrer Phantasie, um sich den Weg hin zu Ihrem konkreten Hauptziel klarzumachen. Hill ermutigt uns mit folgenden Worten: »Eine zündende Idee ist alles, was man für den Erfolg braucht.« Man benötigt weder einen Zugang zu gewaltigen Ressourcen, um reich zu werden, noch gibt es ein Limit für Ihren potenziellen Reichtum. Oft hegen die Menschen die falsche Vorstellung, dass manche Leute weniger haben, weil andere reich sind; und demzufolge nehmen die Reichen sich Geld, das eigentlich anderen gehört. Diese destruktive Denkweise wird von einer Generation an die nächste weitergegeben und ist komplett falsch. Was Sie sich wünschen, können Sie erschaffen.

»Vorstellungskraft ist der Beginn jedes Schaffensprozesses. Sie stellen sich vor, was Sie wollen, Sie richten Ihren Willen auf das, was Sie sich vorstellen, und letztlich erschaffen Sie, was Ihrem Willen entspricht.«

BERNARD SHAW

Als ich zum Präsidenten einer Bank ernannt wurde, die heute Teil einer größeren Bank-Holding ist, ging es der Sparkassen- und Kreditindustrie miserabel. Damals schloss die US-Bundesregierung Hunderte Banken. Die Inflation war hoch, Zinsraten für Einlagen betrugen um die 20 Prozent und Hypotheken mit festem Zinssatz lagen bei 9 Prozent. Die Bank hatte Millionen Dollar verloren und war kurz davor, zu schließen. Aber in meinem ersten Jahr als Präsident und CEO erwirtschaftete die Bank

90 000 Dollar und weitere Millionen in den 18 Jahren, in denen ich diese Stelle innehatte.

Die Angestellten hatten mehrere Jahre keine Gehaltserhöhung erhalten, weil die Bank kein Geld verdiente. Ich schlug gegenüber einem der Treuhänder, der auch der größte Aktienbesitzer war, eine solide Gehaltserhöhung für die Mitarbeiter vor, und seine Antwort lautete: »Ja, wir machen jetzt gutes Geld, aber wir haben so viel Geld verloren, und der Kuchen hat nur eine bestimmte Größe.« Ich antwortete: »Wir backen gerade einen größeren.« Natürlich bekamen die Angestellten ihre Gehaltserhöhung, und 18 Jahre lang bat ich nie um mehr Bezüge, einen neuen Firmenwagen, Boni, eine Mitgliedschaft im Country Club oder andere Zusatzleistungen, denn der größere Kuchen war stets mein Ziel. Wie diese Geschichte zeigt, sind dem Wohlstand, den man erschaffen kann, keine Grenzen gesetzt. Es bedarf nur Vorstellungskraft, Leidenschaft und Aktion.

Ergreifen Sie die Initiative

Sobald Sie Ihr Lebenswerk ermittelt haben, sollten Sie auf eine Position hinarbeiten – oder diese erschaffen –, in der Sie diesen Plan umsetzen. Bleiben Sie nicht auf einem Weg, der Sie von Ihrem konkreten Hauptziel abbringt, nur weil sie irrtümlich annehmen, es wird sich noch die Chance für eine Kurskorrektur auf dieser Reise ergeben. Der moderne Mensch verschiebt die Dinge häufig, aber Millionäre widmen sich ihrer persönlichen Initiative, sodass sie schnell in Aktion treten, aber sich Zeit lassen, wenn sie ihre Meinung ändern.

Persönliche Initiative entwickeln Sie, indem Sie mittels eines konkreten Zwecks vorgehen. Hill erklärt es so: »Die Angewohnheit, mit einem konkreten Hauptziel vor Augen zu arbeiten, wird dazu führen, dass Sie sich schneller entscheiden, und diese Angewohnheit wiederum wird Ihnen in jeder Hinsicht helfen.«

»Der Erfolg ist schon halb errungen, wenn man sich angewöhnt zu arbeiten.«

SARAH A. BOLTON

Elsie, die vor ein paar Jahren mit 90 Jahren verstarb, wurde 1921 geboren. Sie war eines von 16 Kindern, und ihre Mutter starb, als sie erst sieben Jahre alt war. Elsies Vater hat nach dem Tod seiner Frau nie wieder geheiratet und wohnte weiter in dem alten Blockhaus, das in einer abgelegenen Berggegend im Südwesten Virginias stand und in dem all seine Kinder geboren worden waren. Einige von Elises älteren Brüdern und Schwestern halfen, die Familie zu versorgen. Ohne die Liebe und den Rat einer Mutter standen die Chancen für Elsie nicht gut, der Armut zu entfliehen.

Sie machte den ihr möglichen Schulabschluss – den der siebten Klasse. Noch keine 14 Jahre alt, sollte sie einen 18-Jährigen heiraten, der ebenfalls nicht mehr als die siebte Klasse abgeschlossen hatte. Elsies Ehemann war Bergmann, der unter Tage Kohle förderte und nur wenige Dollar am Tag verdiente. Ohne die Unterstützung der Familie oder Sozialhilfe bekam sie mit 16 ihr erstes Kind. Im Alter von 27 hatte sie bereits ihr fünftes. Welche Eigenschaften halfen Elsie und ihrem Ehemann dabei, fünf Kinder großzuziehen, die erfolgreich im Beruf und alle brave Bürger wurden und für ihre Gemeinde und sogar in fremden Ländern viel Gutes bewirkten?

Elsie wusste, wie wichtig Selbstdisziplin ist. Sie sagte gerne, wenn man »lernt, sich selbst zu disziplinieren, müssen andere es nicht für einen tun«. Elsie kümmerte sich um ihr Haus, den Hinterhof und Garten, bis sie Ende 80 war, und sie hatte genaue Vorstellungen, wann und wie die Gartenpflege zu erfolgen hatte. Eines Tages fragte sie einen Enkelsohn, wann er ihren Rasen mähen würde, und er antwortete: »Oma, ich bin um 10 Uhr morgens da.« Um 10:15 Uhr erhielt der Enkelsohn einen Anruf: »Ich dachte, du wolltest um 10 Uhr hier sein.« Elsie war äußerst diszipliniert, bezahlte pünktlich ihre Rechnungen und erledigte gewissenhaft alle Aufgaben im und ums Haus. Sie kam stets pünktlich – meistens eher zu früh – zur Kirche, zum Nähkränzchen, zum Kaffee, oder wohin sie auch sonst ging.

Elsie war eine selbstsichere Person mit einem starken Glauben, der ihr half, ein gutes Leben zu führen und die Welt, in der sie lebte, zu einem besseren Ort zu machen. Sie hinterließ ein Vermächtnis, an dem sich ihre Prinzipien ablesen lassen. Als Elsie starb, waren ihr Haus und ihr Auto abbezahlt, und sie hatte keine Schulden. Sie hinterließ zudem ein Gesamtvermögen von mehreren Hunderttausend Dollar. Zudem hatte sie monatlich gewissenhaft ihrer Kirche und Wohltätigkeitsorganisationen Geld gespendet. Falls Sie sich fragen, woher ich all diese intimen Details aus Elsies Leben kenne, so liegt es daran, dass sie meine geliebte Mutter war.

Es bedarf Selbstdisziplin, um finanzielle Freiheit zu erlangen. Ebenso gehört Arbeit und persönliche Initiative dazu, um im Leben voranzukommen. Prokrastination oder nur das Nötigste zu leisten, kann nicht von Vorteil sein. »Ideen sind der Startpunkt eines jeden Vermögens«, schreibt Hill, aber es gilt auch, zu handeln, um Ideen am Leben zu halten. Nachfolgend lesen Sie Hills Formel, um Initiative und Führungsstärke zu entwickeln.

Napoleon Hills Formel für Initiative und Führungsstärke

Da ich mein konkretes Ziel zu meinem Lebenszweck gemacht habe, ist mir klar, dass es nun meine Pflicht ist, diesen Lebenszweck zu realisieren.

Daher werde ich mir angewöhnen, jeden Tag daran zu arbeiten, einen Schritt weiter auf mein konkretes Hauptziel hin zu machen.

Ich weiß, dass Prokrastination der tödliche Feind ist, wenn man Verantwortung für ein Vorhaben übernehmen will, und ich werde dies vermeiden, indem ich:

a) jeden Tag etwas Konkretes erledige, das ohne Anweisung getan werden sollte;

b) mich umsehe, bis ich mindestens eine neue Sache finde, die ich jeden Tag tun kann, um für andere nützlich zu sein, ohne dafür Bezahlung zu erwarten;

c) mindestens einem Menschen am Tag sage,
wie wertvoll es ist, etwas Notwendiges zu tun,
ohne dass jemand einen dazu auffordert.

Ich weiß, dass die Muskeln meines Körpers in dem Maße stärker werden, in dem ich sie nutze; daher verstehe ich, dass ich die Angewohnheit, die Initiative zu ergreifen, ebenfalls in dem Maße verfestige, wie ich sie einübe.

Mir ist klar, dass ich mir bei kleinen, gewöhnlichen Dingen im Rahmen meiner täglichen Arbeit diese Initiative angewöhnen sollte; daher werde ich jeden Tag arbeiten, als wäre es der einzige Zweck dieser Arbeit, die notwendige Angewohnheit der Initiative zu entwickeln.

Ich weiß, dass ich durch Initiative bei meiner täglichen Arbeit nicht nur diese Angewohnheit ausbilden werde, sondern auch die Aufmerksamkeit derjenigen anziehe, die im Endeffekt meine Leistungen mehr wertschätzen werden.

Unterzeichnet ....

....

Tun Sie mehr als verlangt

Eine solide Arbeitsethik – man nennt es auch die Angewohnheit, mehr als verlangt zu tun – ist das Geheimnis, um ein besonders erfolgreiches Leben zu führen. Kein anderes Prinzip wird Sie im

Leben schneller voranbringen als dieses. Mehr als verlangt zu tun, bedeutet, Aufgaben zu übernehmen, ohne dass jemand einen auffordert; Herausragendes zu leisten, ohne explizit dazu angewiesen zu sein, und das mit einer positiven Einstellung. Die erfolgreichsten Geschäftsleute der Welt wissen, wie lohnend es ist, mehr zu leisten, als erwartet wird – vielleicht hat das niemand besser als Hill begriffen, der beschrieb, wie er seinen ersten Job erhielt, nachdem er folgenden Brief geschrieben hatte:

> Sehr geehrter General Ayers,
>
> es wird Sie sicher freuen, zu hören, dass ich gerade einen Wirtschaftskurs abgeschlossen und Sie zu meinem ersten Arbeitgeber erkoren habe. Unter folgenden Bedingungen bin ich bereit, für Sie zu arbeiten: Ich werde drei Monate für Sie arbeiten und Ihnen einen beliebigen, von Ihnen genannten Betrag als Gehalt zahlen, unter der Bedingung, dass Sie mir dasselbe Gehalt zahlen, sollten Sie dieses Arrangement nach Ablauf der drei Monate weiterführen wollen. In der Zwischenzeit müssten Sie mir gestatten, was ich Ihnen schulde, anschreiben zu lassen. Sie können den Betrag entsprechend von meinem Lohn abziehen, wenn Sie mich nach den drei Monaten weiter beschäftigen.
>
> Mit freundlichen Grüßen
>
> Napoleon Hill

Ayers stellte Hill ein, der jeden Tag vor dem offiziellen Arbeitsbeginn in der Firma war und stets länger blieb sowie stets außergewöhnlich gut gekleidet war. Hill glaubte fest an das Gesetz der steigenden Erträge, demzufolge man einen weitaus größeren monetären Ausgleich erhalten wird als das, was man leistet, wert ist. Hill erklärt es so: »Niemand wird sich in irgendeinem Bereich zu einer echten Führungsperson entwickeln, der sich nicht angewöhnt, mehr und bessere Arbeit zu leisten, als wofür er bezahlt wird.« Hill erntete den Lohn für seine Mühen, denn seine Stelle bei Ayers war der Startpunkt für seinen großen Erfolg in der Wirtschaft und im Leben.

In ähnlicher Weise erkannte auch der Kongressabgeordnete Jennings Randolph aus West Virginia, wie wichtig es ist, mehr als verlangt zu tun. Nachdem die Kongresssitzungen vorbei waren, blieb Randolph den Sommer über in seinem Büro in Washington, D.C., sodass er ohne Unterbrechung für seine Wähler da war. Niemand hatte dies von ihm erwartet, und es gehörte sicher nicht zur Stellenbeschreibung – und er wurde für seine zusätzlichen Mühen auch nicht zusätzlich vergütet. Aber Randolphs Angewohnheit, mehr als verlangt zu tun, brachte ihm den Respekt des Präsidenten von Capital Airlines ein, der ihm eine Stelle als Assistent des Präsidenten und Direktor für Public Relations anbot. Randolph war überaus erfolgreich und baute ein starkes Netzwerk auf, denn laut Hill »erkannte er, dass alles, was wir für andere tun, wir auch für uns selbst tun – und dass jeder wichtige Dienst, den man anderen leistet, seinen fairen Lohn erhalten wird, auch wenn dieser vielleicht nicht aus derselben Stelle stammt, der man diesen Dienst erwiesen hat.«

»Alles, was wir für andere tun, tun wir auch für uns selbst.«

NAPOLEON HILL

Während die Mehrheit der Bevölkerung Beförderungen und Gehaltserhöhungen allein dafür erwartet, den Status quo im Job beizubehalten, erfordert ein Aufstieg, mehr zu leisten, als Ihre aktuelle Gehaltsstufe verlangt. Leisten Sie die Arbeit jetzt, und der Lohn wird folgen – aber erwarten oder fordern Sie ihn nicht sofort. In einem Vortrag von 1947 mit dem Titel »Mehr als verlangt tun« erzählt Hill die Geschichte eines Studenten, der beschloss, dieses Prinzip »zu Geld zu machen«, indem er seinen Chef fragte, ob es ihm recht sei, wenn er ihm am Sonntag bei der Arbeit helfen würde. Der Arbeitgeber hatte natürlich nichts dagegen, aber nach vier Sonntagen schickte der Student seinem Chef eine Rechnung für die am Sonntag geleisteten Überstunden. Er hatte überhaupt nicht verstanden, wie dieses Prinzip funktionierte. Wenn Sie mehr als verlangt leisten, machen Sie sich unersetzlich für andere, ohne mit einer direkten oder sofortigen Kompensation für diese Mühen zu rechnen. Manchmal, so wie bei Randolph, wird einem der Lohn nicht aus der Quelle zuteil, für die man tätig war. Selbst ohne Beförderung oder Gehaltserhöhung bauen Sie Kontakte auf und erwerben Fertigkeiten, die irgendwann zu einer höheren Position und besseren Bezahlung führen werden, vielleicht in einem anderen Unternehmen oder einer anderen Branche.

Ehrliche, gewissenhafte Leistung macht sich bezahlt. In der Parabel *Der reichste Mann von Babylon* erinnert sich der reiche, hoch angesehene Kaufmann Sharru Nada daran, wie ihn eine Lektion über den Wert der Arbeit vor der Sklaverei rettete und auf den Pfad des Unternehmertums führte. Auf ihrem Weg nach Babylon, um an neue Besitzer verkauft zu werden, plädierte ein anderer Sklave namens Megiddo für den Wert der Arbeit: »Manche Männer hassen sie. Sie machen sie zu ihrem Feind. Man sollte sie besser wie einen Freund behandeln und sie lieb gewinnen. Man darf sich nicht daran stören, dass sie hart ist. Wenn du darüber nachdenkst, was für ein gutes Haus du baust, wen interessiert es dann, dass die Balken schwer sind und die Quelle weit entfernt ist, von der man das Wasser für den Putz heranschleppen muss. Versprich mir, Junge, wenn du einen Meister hast, arbeite für ihn, so schwer du kannst. Mach dir nichts daraus, wenn er es nicht zu schätzen weiß. Denke daran, wenn man seine Arbeit gut macht, nützt sie dem Mann, der sie tut. Es macht ihn zu einem besseren Mann.« Arbeit kultiviert Eigenschaften wie Selbstdisziplin, Einfallsreichtum und Selbstrespekt, die entscheidend sind, um aufzusteigen. Als Sharru Nada sich an Megiddos Rat hält, wird er zu einem freien Mann, bevor er die Fesseln der Sklaverei hinter sich lässt. Eines Tages fragt ihn ein Kaufmann, der über Sharru Nadas Arbeitsethik Bescheid weiß: »Wieso arbeitest du so hart?«, worauf dieser antwortet, dass die Arbeit sein bester Freund ist, denn sie erlaubt ihm, Geld zu sparen, um seine Freiheit zu erkaufen. Letztlich kauft dieser Kaufmann Sharru Nada frei und gibt ihm eine lukrative Partnerschaft, die ihm ermöglicht, zu einem respektierten Bürger zu werden.

Sharru Nada ist nicht nur wegen seines Unternehmergeistes eine bemerkenswerte Persönlichkeit – er verdient sich etwas hinzu, indem er seine Aufgaben bis mittags erledigt und den restlichen Tag über zusätzliche Kuchen backt, die er auf den Straßen von Babylon verkauft –, sondern aufgrund seiner positiven mentalen Einstellung, während er weit mehr leistet als einfache Arbeiten. Aber täuschen Sie sich nicht – wenn Sie nur widerwillig mehr leisten, wird das Gesetz der steigenden Erträge Sie nicht für Ihre Mühen entlohnen. Es ist in Ihrem besten Interesse, sich nicht auf die erwarteten Erträge zu konzentrieren, sondern darauf, das Privileg zu genießen, sich nützlich zu machen.

Wenn Sie genau wissen, was Sie im Leben wollen, und Ihren Verstand auf die dazu nötige Arbeit konditioniert haben, wird es Ihnen zur zweiten Natur, alles zu geben, um dieses Ziel zu erreichen. Daher ist es essenziell, das Objekt Ihres konkreten Hauptziels immer vor Ihrem geistigen Auge zu behalten, bis es dort fest verankert ist, wodurch Sie das Armutsbewusstsein und seine negativen Begleiterscheinungen wie Prokrastination tilgen und durch ein Bewusstsein für Reichtum und persönliche Initiative ersetzen.

»Mir tut der Mensch leid, der sich nicht für seine Arbeit begeistert. Nicht nur wird er nie zufrieden sein, sondern er wird nie etwas erreichen, wofür sich die Mühe lohnt.«

WALTER CHRYSLER

Kleine Schritte und Nebenjobs

Auch wenn Sie sich auf Dauer nie mit einer Arbeit zufriedengeben sollten, die nicht Ihrem konkreten Hauptziel entspricht, ist es wichtig, Erfolg als eine Reise zu verstehen, die erfordern mag, kleinere Jobs zu erledigen, um ein größeres Ziel zu erreichen. Denken Sie an Edwin Barnes, der »zufrieden war, mit den einfachsten Arbeiten zu beginnen, wenn sie ihm die Chance gaben, auch nur einen Schritt auf sein begehrtes Ziel hin zu machen«. Er nahm den Einstiegsjob nicht unter der unausgesprochenen oder offenen Bedingung an, zu kündigen und woanders etwas zu finden, wenn er für seinen Geschmack nicht schnell genug vorankam. Er setzte alles daran, in einer beliebigen Stelle zu beginnen und alles Nötige zu tun, um Geschäftspartner von Edison zu werden.

Zu allen praktisch umsetzbaren Pläne gehören kleine Schritte, die Sie näher an Ihr Ziel bringen. Martin Luther King Jr. sagte: »Man muss nicht das obere Ende der Treppe sehen, um die erste Stufe zu nehmen.« Meines Erachtens sprach der Reverend davon, das »innere Auge« zu nutzen, um sich leiten zu lassen, auch wenn man physisch nicht in der Lage ist, seine künftigen Schritte zu sehen.

Sie sollten sich nicht schlecht fühlen, nur weil sie alles Notwendige tun, um erfolgreich zu sein. Mein Freund Zig Ziglar, er ruhe in Frieden, drückte es vermutlich am besten aus, als er sagte, man müsse nur bereit sein, »den Preis zu bezahlen«. Den Preis zu bezahlen, bedeutet, das Nötige zu tun, um die selbst gesteckten Ziele im Leben zu erreichen. Wenn Sie zum Beispiel Chirurg werden möchten, sollten Sie früh im Leben herausfinden – oder zumindest so früh wie möglich –, welche Schritte dies erfordert.

Nahezu alle erfolgreichen Menschen beginnen mit einer Einstiegsposition. Bill Simon, früherer Präsident und CEO von Walmart, erzählt: »Mein erster Job war Tellerwäscher in einem Restaurant für 2,10 Dollar die Stunde. Es war keine tolle Arbeit, aber als erster Job war sie perfekt.« Simon zufolge bereiten schlecht bezahlte Stellen im Einzelhandel und Dienstleistungsgewerbe die

Angestellten oft auf besser bezahlte Jobs vor. Bevor er CEO von Walmart wurde – ein Unternehmen mit über zwei Millionen Angestellten und einem Gesamtwert von über 400 Milliarden Dollar –, durchlief Simon mehrere Schritte bis zu dieser Position. Kurz bevor er Walmart verließ, verdiente er durch sein Gehalt, die Aktienoptionen und Boni insgesamt fast 10 Millionen Dollar im Jahr.

Sie erreichen vielleicht nicht die Position von Bill Simon oder sein Maß an Verantwortung, sondern übertreffen sie sogar. Aber auch wenn Sie Simon nicht übertreffen, bedarf es zweifellos vieler Schritte, um von einer schlecht bezahlten Stelle mit einem niedrigen Einkommen auf eine höhere Position mit besserer Bezahlung aufzusteigen. Vor allem sollten Sie daran denken, dass jede Stellung ein Schritt in die richtige Richtung hin zum Erfolg sein kann. Die Entscheidung liegt bei Ihnen.

Investieren Sie den nötigen Aufwand und die Zeit, um in Ihrem Beruf aufzusteigen. Machen Sie sich klar, wie hoch die Kosten sind, welche Schritte Sie unternehmen müssen, um zu der gewünschten Position aufzusteigen, und seien Sie dann bereit, den Preis zu zahlen. Finden Sie eine Stelle, die eindeutig auf den Pfad zu der Position führt, die Sie letztlich anstreben. Während Sie im aktuellen Job arbeiten, bauen Sie Ihr Netzwerk innerhalb – und auch außerhalb – des Unternehmens auf, indem Sie sich angewöhnen, mehr zu leisten, als bezahlt wird. Behandeln Sie diese Stellung so, als würde sie den größten Respekt verdienen – denn das trifft zu, wenn es eine Position ist, die Sie einen Schritt näher an Ihr Hauptziel bringt. Geben Sie in dieser Position alles und lassen Sie nichts unerledigt. Halten Sie die Augen nach Möglichkeiten offen, um aufzusteigen, und ergreifen Sie diese sofort durch persönliche Initiative. Konzentrieren Sie sich auf Ihr Ziel und akzeptieren Sie nicht dauerhaft eine Position, die unter Ihrer angestrebten liegt. Seien Sie dankbar für das Sprungbrett, aber behalten Sie die Aufstiegsmöglichkeiten im Auge, statt endlos auf der Stelle zu treten.

»Ich habe festgestellt, dass die Männer und Frauen, die es bis an die Spitze schafften, ihre Jobs mit so viel Energie, Enthusiasmus und harter Arbeit wie möglich erledigt haben.«

HARRY S. TRUMAN

Es empfiehlt sich auch, zu überlegen, wie ein »Side Hustle« oder Nebenjob zu Ihrer Erfolgsreise beitragen mag. Vielleicht können Sie Ihre Wunschtätigkeit abends oder am Wochenende erledigen, um Erfahrung darin zu sammeln. Nicht nur werden Sie dadurch mehr über Ihre angestrebte Beschäftigung oder Branche lernen, sondern wenn möglich etwas hinzuverdienen. Selbst wenn ein »Side Hustle« nicht mit Ihrem konkreten wichtigsten Lebenszweck zusammenhängt, kann diese zusätzliche Arbeit Ihnen helfen, schneller Vermögen aufzubauen. Viele haben schon mit ihren Nebenjobs, wie über eBay zu verkaufen, für Uber zu fahren oder für DoorDash, Instacart oder einen anderen Dienstleister Einkäufe zu erledigen, ihr monatliches Einkommen verdoppelt oder verdreifacht.

Denken Sie daran, keine Arbeit sollte unter Ihrer Würde sein. Mit einem primären Ziel vor Ihrem inneren Auge und einer positiven mentalen Einstellung werden Sie feststellen, dass selbst ein anscheinend unbedeutender Job Sie auf den Pfad zu wahrer Größe führen kann.

Tipps, um wohlhabender zu werden

- Es gibt kaum eine Abkürzung zu stabilem Wohlstand, also ist es essenziell, eine beständige Arbeit zu finden, durch die Sie genug verdienen, um Ihrem konkreten Hauptziel näher zu kommen.
- Viele Menschen bleiben im Leben erfolglos, weil Sie die erstbeste angebotene Stelle akzeptieren, ohne zuerst einen konkreten Lebenszweck zu finden oder einen Plan zu erstellen. Ergründen Sie Ihre Persönlichkeit, Neigungen und Fertigkeiten und stellen Sie diese in Relation zu Ihrem wichtigsten Verlangen, um herauszufinden, was Ihr Lebenswerk oder Ihre primäre Berufung sein sollte.
- Es gibt zwei ehrliche Wege, um Wohlstand aufzubauen: entweder eine Dienstleistung oder ein Produkt anzubieten, für die jemand bereitwillig bezahlt. Stellen Sie sich die Frage: »Was wollen die Menschen, und wie kann ich es durch ein besseres Produkt, einen besseren Preis oder eine bessere Dienstleistung so anbieten, das es zu einem beständigen Geschäftsmodell führt?«
- Dem Geldbetrag, den man potenziell verdienen kann, sind keine Grenzen gesetzt. Nur weil einige Menschen einen Großteil des Reichtums der Welt besitzen, bedeutet das nicht, dass es weniger Wohlstand für andere gibt.

- ➢ Persönliche Initiative ist der Schlüssel, um Ihre Ideen in Aktion umzusetzen. Gewöhnen Sie sich an, zu arbeiten, und entwickeln Sie Selbstdisziplin, um im Leben voranzukommen.
- ➢ Mehr als verlangt zu tun, bedeutet, unaufgefordert zu arbeiten und ohne Anweisung mehr zu leisten, und dabei positiv gestimmt zu bleiben. Die Gründe dafür, mehr als verlangt zu tun, lauten:

  - Das Gesetz der steigenden Erträge wirkt sich zu Ihrem Vorteil aus.
  - Sie gewinnen dadurch das Wohlwollen der Personen, die Ihnen eine Aufstiegschance bieten können und werden.
  - Es macht Sie in verschiedener Hinsicht unersetzlich, sodass Sie mehr als eine durchschnittliche Vergütung erwarten dürfen.
  - Sie entwickeln mehr Fertigkeiten und Können in Ihrer gewählten Berufung.
  - Es bewahrt Sie vor Jobverlust und versetzt Sie in die Lage, Ihren Job und Ihre Arbeitsbedingungen selbst zu wählen und neue Chancen anzuziehen.
  - Sie profitieren vom Gesetz des Kontrastes, denn die meisten Menschen verhalten sich nicht so, sondern versuchen im Gegenteil, etwas für nichts zu erhalten.
  - Sie entwickeln eine positive mentale Einstellung.
  - Es fördert eine scharfsinnige und wache Vorstellungskraft.
  - Es kultiviert den wichtigen Faktor der persönlichen Initiative und hilft, die destruktive Angewohnheit der Prokrastination zu überwinden.

- Es steigert Ihr Selbstbewusstsein.
- Es steigert das Vertrauen anderer in Ihre Integrität und generellen Fertigkeiten.
- Es hilft Ihnen, einen konkreten Lebenszweck zu finden, ohne den Sie nicht auf Erfolg hoffen können.

➢ Werten Sie nie einen Job ab, der ein Sprungbrett für Ihr konkretes Hauptziel sein mag. Der Erfolg erfordert oft, kleinere Jobs im Dienste eines größeren Ziels zu übernehmen.

➢ Überlegen Sie, ob ein »Side Hustle« oder Nebenjob zu Ihrer Erfolgsreise beitragen kann, etwa weil Sie dadurch Erfahrungen bei der Arbeit sammeln, die Sie letztlich anstreben, oder indem Sie zusätzliches Einkommen verdienen, druch das Sie schneller Wohlstand aufbauen.

Ihr Millionär-Masterplan

➢ Beschreiben Sie Eigenschaften, natürliche Neigungen und Fertigkeiten, die für die zu Ihnen passende Arbeit relevant sein mögen. Wenn Sie einen Persönlichkeits- oder Karrieretest durchgeführt haben, notieren Sie die Ergebnisse nachfolgend.

____

____

____

____

____

➢ Basierend auf den Details, die Sie zusammengetragen haben: Bei welcher Arbeit sind Sie zu herausragender Leistung imstande *und* können sie auch genießen? Werden Sie kreativ – listen Sie alle Tätigkeitsfelder auf, die diese Eigenschaften und Fertigkeiten erfordern.

____

____

____

____

____

➢ Stimmen einige der Tätigkeitsfelder oder Branchen, die Sie oben aufgelistet haben, mit Ihrem konkreten wichtigsten Lebenszweck überein? Erklären Sie, warum, und legen Sie fest, was davon Ihr Lebenswerk sein sollte.

____

____

____

____

____

➢ Steigern Sie Ihre persönliche Initiative, indem Sie etwas finden, das Sie jeden Tag tun können, und zwar unaufgefordert und ohne Vergütung zu erwarten. Listen Sie fünf Dinge auf, die Sie in dieser Woche tun können und auf die diese Beschreibung zutrifft.

➢ Wie können Sie im Privatleben mehr als verlangt tun? Im Beruf? Wenn es um Ihre Finanzen geht?

➢ Welche Ihrer Fertigkeiten oder Ressourcen können Sie sinnvoll einsetzen, um jeden Monat etwas hinzuzuverdienen, und/oder wie können Sie durch diese in Ihre angestrebte Tätigkeit wechseln? Suchen Sie nach »Side Hustles«, um schneller Wohlstand aufzubauen und potenziell Erfahrung in einem neuen Beruf zu sammeln.

KAPITEL 5

BILDUNG: LERNEN SIE, UM ZU VERDIENEN

Niemand hat jemals ausgelernt. Wenn Ihr wichtigster Lebenszweck besagt, sich über den Durchschnitt zu erheben, sollten Sie weiter aus jeder möglichen Quelle lernen und vor allem herausfinden, wo Sie sich Wissen aneignen können, das mit Ihrem Lebenszweck in Beziehung steht.

Napoleon Hill, *Der Schlüssel zum positiven Denken*

Mike Parrott, Investment Officer bei Hilliard Lyons, eine der ältesten Investmentfirmen des Landes, besitzt eine Ausgabe von *Denke nach und werde reich* aus dem Jahr 1937, die er vor vielen Jahren in einem Antiquariat gekauft hat. Mike bezahlte nur 1 Dollar dafür, während eine Erstausgabe heute Tausende Dollar wert ist. Der ursprüngliche Besitzer des Buches erkannte dessen Wert nicht, weder in Bezug auf Geld noch auf Bildung. Mike liest regelmäßig in *Denke nach und werde reich,* und sein

Studium des Buches wirft weiter Dividenden ab. Er ist einer der vielen Menschen, die die Prinzipien von Hills Erfolgssystem studieren und dadurch ihr Einkommenspotenzial gesteigert haben.

Jim Stovall, der über 16 Bücher geschrieben hat, inklusive *Das ultimative Geschenk*, verfilmt mit James Garner und Abigail Breslin, schreibt oft über den Nutzen, von Experten wie Hill zu lernen. Vor Kurzem berichtete Jim mir, wie er zu Beginn seiner Karriere erfolgreiche Menschen fragte, ob sie *Denke nach und werde reich* gelesen hätten. Er sagte, dass er seitdem von erfolgreichen Personen wissen wolle: »Wann haben Sie *Denke nach und werde reich* zum ersten Mal gelesen?« Hills Erfolgsprinzipien sind auf der ganzen Welt so bekannt, dass fast jede erfolgreiche Geschäftsperson, jeder Vordenker und jede kulturelle Ikone entweder damit vertraut ist oder den eigenen Erfolg auf die Anwendung dieser Prinzipien zurückführt.

Dieses Buch folgt nicht der Mission, für Sie Entscheidungen zu treffen, sondern Sie zu ermutigen, durch gute Entscheidungen, ermöglicht durch Lesen, Studieren und Lernen aus anderen verlässlichen Quellen, auf eine bessere Zukunft hinzuarbeiten. Es gilt, in sich selbst zu investieren, um erfolgreich zu sein, und das beste Investment besteht darin, zu lernen. Erfolgreiche Menschen lernen, um mehr zu verdienen.

Der Wert angewandten Wissens

Es gibt zwei Arten, zu lernen, und beide tragen zum Erfolg bei: formelle Bildung in Bildungsinstitutionen und Bildung durch Erfahrung und Lernen aus Eigeninitiative. Trotz des Wertes, den man heutzutage einer formellen Bildung beimisst, ist eine Art des Lernens nicht automatisch wertvoller als eine andere, und im Grunde gibt es keinen besseren Lehrer als die Lebenserfahrung, oder was Hill die »Universität des Lebens« nennt.

Allerdings ist es in der heutigen Welt schwieriger als früher, ohne einen Hochschulabschluss gut zu verdienen. Vor 50 Jahren erforderten die meisten Jobs körperliche Anstrengung, daher war eine formelle Bildung für den eigenen Lebensunterhalt nicht notwendig. Heutzutage ist Bildung essenziell, um das eigene Verdienstpotenzial zu verbessern und ein angenehmes Leben zu führen. Erinnern Sie sich an Kapitel 1 mit den vier Gründen, Wohlstand aufzubauen – die Chance, sie alle auszuschöpfen, sichern Sie sich eher mit der entsprechenden Bildung.

Aber auch wenn Sie dank Ihrer Bildung eher gut verdienen, ist ein Topgehalt nicht sicher. Bildung kommt einer »potenziellen Energie« gleich, denn Sie müssen sie nutzen, damit sie effektiv etwas bewirkt. Wenn Sie einen Hochschulabschluss erreichen, gibt es eine Abschlusszeremonie. Dieser *Abschluss* markiert jedoch nur einen neuen Beginn, nichts weiter. Unsere Bildung sollte uns lehren, zu denken, und das Gelernte anzuwenden, um eine Dienstleistung zu erbringen oder ein Produkt anzubieten, für das andere zu zahlen bereit sind. Indem Sie kritisch denken, so wie Sie es in der Schule gelernt haben, können Sie eine Nachfrage oder einen Bedarf in Ihrem Geschäftsbereich bedienen. Ihre Bildung und inwieweit Sie das Gelernte anwenden, werden über Ihren Erfolg im Leben bestimmen.

In *Denke nach und werde reich* spricht Hill von zwei Arten des Wissens, um den Unterschied zwischen latentem und erfolgsorientiertem Wissen zu beschreiben: allgemeines Wissen und spezialisiertes Wissen. Laut Hill ist allgemeines, durch eine formelle

Ausbildung angeeignetes Wissen »von geringem Nutzen, um Reichtum aufzubauen«. Spezialisiertes Wissen ist »organisiert und intelligent gesteuert, mithilfe von praktisch umsetzbaren Handlungsplänen auf das konkrete Ziel hin finanziellen Wohlstand zu mehren«. Wissen ist an sich nur potenziell wirkungsvoll – es ist latent. Es wartet darauf, aktiviert zu werden, indem man es durch konkrete Handlungspläne organisiert und auf ein konkretes Ziel hinlenkt. Die beste Form der Bildung lehrt Studenten, das erworbene Wissen zu strukturieren und anzuwenden.

»Ein gebildeter Mensch ist nicht unbedingt jemand, der über eine Unmenge an generellem oder spezialisiertem Wissen verfügt. Ein gebildeter Mensch ist jemand, der seine geistigen Fähigkeiten so entwickelt hat, dass er alles erreicht, was er sich wünscht oder etwas Äquivalentes, ohne dabei die Rechte anderer zu verletzen.«

NAPOLEON HILL

Allerdings führen die meisten Bildungsinstitutionen diese entscheidende Fertigkeit nicht in ihrem Lehrplan. Hill beklagt: »Die Schulen und Hochschulen lehren praktisch alles, außer die Prinzipien des persönlichen Erfolgs. Sie fordern von jungen Männern und Frauen, vier bis acht Jahre lang in die akademische Parallelwelt fern der Realität einzutauchen und sich abstraktes Wissen anzueignen, aber sie lehren sie nicht, was sie mit diesem erworbenen Wissen anfangen sollen.« Zur Ergänzung der formellen

Bildung sollten Studenten daher lernen, ihren eigenen Verstand einzusetzen und unabhängig zu denken, statt nur passiv die Gedanken anderer zu akzeptieren und zu reproduzieren. Sie sollten ihre eigenen Lehrer werden, indem sie sich durch ihr Studium Informationen aneignen und mit anderen teilen – besonders dazu, wie der Verstand arbeitet und welchen Eindrücken gegenüber er empfänglich ist. Sie sollten zudem ihr erworbenes Wissen anwenden – und sein Potenzial steigern –, indem sie an Aktivitäten und Projekten teilnehmen, bei denen sie aus Erfahrung lernen, womit insbesondere praktische Arbeit gemeint ist.

Wenn Menschen den Wert angewandten oder spezialisierten Wissens entdecken, werden sie zu lebenslang Lernenden, die stets nach neuen Möglichkeiten suchen, ihr Verständnis zu vertiefen und ihre Perspektive auszuweiten. Hill empfiehlt die folgenden fünf Quellen des Wissens:

1. Die eigenen Erfahrungen
2. Die Einsichten, die man in der Zusammenarbeit mit anderen gewinnt (durch eine Mastermind-Gruppe)
3. Hochschulen und Universitäten
4. Öffentliche Büchereien
5. Spezielle Kurse

Hinzu kommen Bücher und Hörbücher (z. B. aus der Bücherei), YouTube-Videos und Podcasts. Finden Sie heraus, welches Spezialwissen Sie für Ihren konkreten wichtigsten Lebenszweck brauchen, und suchen Sie sich dann eine oder mehrere verlässliche Quellen dafür. Während Sie sich weiterbilden, stellen Sie sicher, daraus praktisch umsetzbare Pläne zu ziehen und Ihr Wissen anzuwenden.

> *»Weisheit ist kein Produkt von Bildung, sondern des lebenslangen Versuchs, sie sich anzueignen.«*
>
> ALBERT EINSTEIN

Lernen Sie lebenslang

In *Think and Grow Rich* erklärt Hill, dass erfolgreiche Menschen, »nie aufhören, sich spezialisiertes Wissen anzueignen, das mit ihrem wichtigsten Lebenszweck, Business oder Beruf zusammenhängt. Wer nicht erfolgreich ist, macht meistens den Fehler, zu glauben, er müsse sich kein Wissen mehr aneignen, sobald er mit der Schule fertig ist. Tatsächlich leistet die Schule nicht viel mehr, als uns auf den Weg des Lernens zu führen und uns beizubringen, wie wir uns praktisches Wissen aneignen«.

Ein Mann, der den Wert des lebenslangen Lernens bewiesen hat, war W. Clement Stone, der jahrzehntelang bis zu seinem Tod im Alter von 100 Jahren der Vorstand der Napoleon Hill Foundation war. Stone verlor im Alter von drei Jahren seinen Vater und wuchs bei seiner Mutter und seinen Verwandten im rauen Süden Chicagos auf. Als junger Mann las er die »Vom Tellerwäscher zum Millionär«-Geschichten in den Romanen von Horatio Alger und sammelte Hunderte Bücher über den Erfolg in seiner stets wachsenden Bibliothek. Diese Bücher wirkten sich enorm auf Stones wachsenden Glauben aus, dass er sich seine Träume erfüllen würde.

Mit nur sechs Jahren wurde Stone Zeitungsverkäufer und verkaufte den *Examiner* auf den Straßen der South Side von Chicago.

Als kleiner Junge wurde er oft von den älteren Jungs von den belebten Straßenecken vertrieben, und diese Erfahrung lehrte ihn, wie wichtig Ausdauer und Disziplin sind. Im Alter von 13 besaß er seinen eigenen Zeitungsstand.

Stone absolvierte die Highschool, aber seine Lektüre der Erfolgsgeschichten ermutigte ihn, über das Klassenzimmer hinaus weiter zu lesen und zu lernen. Stone suchte stets nach neuen Gelegenheiten, sein Wissen und seine Perspektive zu erweitern, indem er neue Bücher las und neue Kontakte knüpfte.

Es war bekannt, wie gern Stone las, dennoch wussten wenige, dass er einen eigenen Verlag führte. Vor seinem Tod übertrug er seine Urheberrechte auf die Napoleon Hill Foundation. Zu den Büchern, deren Copyright Stone an die Stiftung weitergab, gehörte *Your Greatest Power* von J. Martin Kohe. Auch wenn es weniger als 100 Seiten lang ist, sind die darin enthaltenen Lektionen überaus wirkungsvoll und notwendig, um im Leben erfolgreich zu sein. Die Botschaft lautet: Jeder von uns ist gefordert, täglich Entscheidungen zu treffen. Diese Entscheidungen summieren sich über ein ganzes Leben und bestimmen unsere Lebensqualität.

»Reiche Menschen haben kleine Fernseher und große Bibliotheken, und arme Menschen haben kleine Bibliotheken und große Fernseher.«

ZIG ZIGLAR

Viele Menschen verschwenden ihr Leben damit, sich zu beschweren … Ausflüchte zu suchen, andere zu beschuldigen, sich dem Gefühl hinzugeben, in diesem Leben einfach kein Glück zu haben. Sie können auf diese Weise durchs Leben gehen oder wieder zur Besinnung kommen und erkennen, dass es eine Macht in Ihnen gibt, die imstande ist, Ihr Leben und Ihre Zukunft dramatisch zum Besseren zu ändern. Wenn Sie sich diese Macht klarmachen und in Ihrem Leben willkommen heißen, wird es nie wieder dasselbe sein. Sie werden jeden Fehlschlag als eine Lektion sehen, die in einen Erfolg verwandelt werden kann. Sie werden aus einem Leben der Traurigkeit ein Leben der Freude machen; aus einem Leben, in dem Sie sich dahinschleppen, ein Leben der freudigen Erwartungen. Die Wahl liegt bei Ihnen, und zwar allein bei Ihnen.

Ein anderer Mann, der den Wert lebenslangen Lernens erkannte, ist der amerikanische Investor Irving Kahn. Einen Tag vor seinem 107. Geburtstag gab Kahn dem *Wall Street Journal* ein Interview, in dem er die positiven Erfahrungen aus den 84 Jahren seiner Investorentätigkeit schilderte. Er war Schüler von Benjamin Graham, einem der bekanntesten Investoren und Autor des Buches *Intelligent Investieren* von 1949. In diesem Interview erwähnt Kahn, dass er jeden Tag Zeitungen, Magazine und Bücher liest. Wenn Kahn in seinem Alter noch dazulernte, sollten wir es ihm sicher gleichtun, denn Bildung sollte ein lebenslanger Prozess sein.

Warren Buffett, einer der reichsten Menschen und berühmtesten Investoren der Welt, legt eine ähnliche Einstellung in puncto Bildung an den Tag. Als ihn ein 17-Jähriger fragte, wie er ein guter Investor werden könne, erwiderte das »Orakel aus Omaha«: »Lesen Sie, so viel Sie können. Als ich zehn Jahre alt war, hatte ich jedes Buch in der öffentlichen Bibliothek von Omaha gelesen, das das Wort ›Finanzen‹ im Titel trug – manche zweimal.« Buffetts Lesegewohnheiten wurden mit dem Alter noch ausgeprägter. Laut Jeff Matthews, Autor des Buches *Warren Buffet. Auf Pilgerfahrt zum Orakel von Omaha*, »liest [Buffett] buchstäblich Tausende Bilanzen und Jahresgeschäftsberichte pro Jahr – wie er es die letzten 50 oder mehr Jahre seiner Investmenttätigkeit gehalten hat«. Matthews fährt fort: »Freunde und Bekannte, die Buffett zu einem Flug in seinem Jet einlädt, berichten, dass er kurz plaudert und dann liest. Andrew Kilpatrick, Autor der umfangreichen und wohlgesinnten Buffett-Biografie *Warren Buffett: von bleibendem Wert* berichtet, wie Buffett bei einer Autogrammstunde, bei der die beiden sich trafen, erwähnte, er habe 50 Bücher zu Hause, die er lesen wolle.«

Jeder von uns ist gefordert, täglich Entscheidungen zu treffen. Diese Entscheidungen summieren sich über ein Leben hinweg und bestimmen unsere Lebensqualität.

Der unglaubliche Erfolg dieser Menschen bestätigt, wie wichtig es ist, ein Leben lang zu lernen. Nach Ihrer formellen Schulbildung sollten Sie Bücher der Experten Ihrer Branche lesen und von ihnen lernen, der Experten für Finanzen und Investment und anderer Vordenker für persönliche und berufliche Weiterentwicklung. Laut des Pew Research Centers geben etwa 25 Prozent der US-amerikanischen Erwachsenen zu, im letzten Jahr kein Buch gelesen zu haben. Denken Sie darüber nach, wie viel Zeit Amerikaner mit Fernsehen, Scrollen durch Social-Media-Feeds und anderen Aktivitäten verbringen, die ihren Intellekt beeinträchtigen. Um sich über den Durchschnitt zu erheben und ein erfülltes Leben zu führen, sollten Sie Ihre Freizeit konstruktiv nutzen. Lesen Sie ein Buch, besuchen Sie einen Kurs zur persönlichen oder beruflichen Weiterentwicklung oder unterhalten Sie sich mit Menschen, die Ihnen eine neue oder erweiterte Perspektive zu einem Thema gewähren.

Denken Sie daran: Wozu Sie sich täglich entscheiden, und seien es unbedeutende Aktivitäten, um sich nur zu betäuben, bestimmt letztlich über Ihre Lebensqualität – wie ein Kanal den Verlauf eines Flusses. Je früher Sie zu lernen beginnen, desto schneller werden Sie etwas verdienen. Um »gut zu leben«, sollten Sie die Bildung als lebenslangen Prozess begreifen.

Tipps, um wohlhabender zu werden

- Investieren Sie in sich selbst, um erfolgreich zu sein, Ihr größtes Investment besteht darin, zu lernen.
- Es gibt zwei Hauptarten, zu lernen: die formelle Bildung, die Sie durch Bildungsinstitutionen erhalten, und die Bildung, die Sie sich durch Erfahrung und eigenes Lernen aneignen.
- Bildung ist potenzielle Energie oder latente Macht, die organisiert und angewendet werden muss, um effektiv etwas zu bewirken.
- Wissen, das man zu praktisch umsetzbaren Handlungsplänen ausformt, die auf ein konkretes Ziel gerichtet sind,

nennt man spezialisiertes Wissen. Allgemeines Wissen erhält man hingegen durch formelle Schulbildung. Spezialisiertes Wissen ist erforderlich, um Wohlstand zu bilden.

➢ Die meisten Schulen bringen Ihnen nicht die Fertigkeiten bei, die zum Aufbau von Wohlstand erforderlich sind. Daher sollten Schüler und Studenten ihre formelle Bildung durch Lernaktivitäten ergänzen, die sie veranlassen, unabhängig zu denken, ihr Wissen mit anderen zu teilen und dieses Wissen in Projekten anzuwenden, in denen sie auch praktisch arbeiten.

➢ Die fünf wichtigsten Quellen des Wissens sind laut Hill:

- Ihre Erfahrung
- Die Einsichten, die man in der Zusammenarbeit mit anderen gewinnt (durch eine Mastermind-Gruppe)
- Hochschulen und Universitäten
- Öffentliche Bibliotheken
- Spezielle Kurse

➢ Zu anderen wichtigen Quellen gehören heutzutage Bücher, Hörbücher (z. B. aus der Bibliothek), YouTube-Videos und Podcasts.

➢ Nur weil Sie die Schule beendet haben, sollten Sie nicht aufhören, Wissen zu erwerben. Die erfolgreichsten Menschen sind lebenslang Lernende.

➢ Jeder von uns ist gefordert, täglich Entscheidungen zu treffen. Diese Entscheidungen summieren sich über ein ganzes Leben und bestimmen unsere Lebensqualität.

Ihr Millionär-Masterplan

➢ Welches Spezialwissen benötigen Sie, um Ihr konkretes Hauptziel zu erreichen? Welchem Zweck wird dieses Wissen innerhalb Ihres größeren Plans dienen?

____

____

____

____

____

➢ Nutzen Sie die Liste an Wissensquellen in diesem Kapitel und finden Sie heraus, ob Sie sich dieses Wissen auf verlässliche Weise aneignen können. Ziehen Sie Quellen vor, durch die Sie keine zusätzlichen Schulden machen, es sei denn, Sie können diese Schulden schnell durch mehr Einkommen aufgrund Ihrer Weiterbildung zurückzahlen.

____

____

____

____

____

➢ Erstellen Sie eine Liste von Büchern, Audio- oder Videoprogrammen, Kursen zur persönlichen Weiterentwicklung und beruflichen Weiterbildung, die Sie dieses Jahr im Bemühen, lebenslang zu lernen, nutzen können.

____

____

____

____

____

KAPITEL 6

SPAREN: GUTE GEWOHNHEITEN FÜHREN ZU EINER BESSEREN ZUKUNFT

Niemand kann im Leben erfolgreich sein,
ohne Geld zu sparen.
Es gibt keine Ausnahme von dieser Regel,
und niemand kann ihr entkommen.

Napoleon Hill, *The Law of Success*

So wie unsere Entscheidungen unser persönliches und berufliches Wachstum betreffen, beziehen sie sich auch darauf, wie wir unser Einkommen nutzen. Es steht uns frei, entweder das gesamte verdiente Geld auszugeben oder einiges davon für die Zukunft zu sparen. Der Entschluss, entweder Geld auszugeben oder zu sparen, ergibt mit der Zeit einen Zinseffekt, der bestimmt, ob wir ein Leben in finanzieller Sicherheit leben oder ob wir Sklaven unseres Gehaltsschecks bleiben.

Ein Farmer versteht, wie wichtig es ist, zu sparen, denn wenn er sein Getreide erntet, verwendet er nicht alles davon – er muss im Frühjahr einen Teil des Saatguts übrig haben, um im nächsten Jahr wieder zu ernten. Ihre finanzielle Zukunft ist mit der potenziellen Ernte des Farmers vergleichbar: Wenn Sie nicht für die Zukunft planen, dürfen Sie nicht damit rechnen, im Herbst Ihres Lebens eine Ernte einzubringen. Geld ist wie das Saatgut des Farmers: Sie können alles verbrauchen oder einen Teil für die Zukunft zurücklegen. Oft wird diese Entscheidung sowohl bewusst als auch unbewusst getroffen. Sie beschließen entweder, Ihr Leben aufzubauen, oder Sie tun nichts und lassen zu, dass andere die Qualität Ihres Lebens für Sie bestimmen. In späteren Jahren können Sie ein gutes Beispiel für die nächste Generation sein, weil Sie die richtigen Entscheidungen getroffen haben, oder Sie werden zu den Millionen von Menschen gehören, die auf Ihr Leben zurückblicken und sagen: »Hätte ich doch nur …« Vermeiden Sie späteres Bedauern, indem Sie heute die richtige Entscheidung treffen.

Ihr Einkommen ist das beste Tool, um Wohlstand zu bilden, aber der Geldbetrag ist unwichtiger als Ihre Fähigkeit, zu sparen. Wie Napoleon Hill schreibt: »Wenn ein Mensch der systematischen Angewohnheit folgt, einen bestimmten Anteil seines verdienten oder anderweitig eingenommenen Geldes zu sparen, wird es ihm sicher gelingen, finanziell unabhängig zu werden. Wenn er nichts spart, wird er mit absoluter Sicherheit niemals finanziell unabhängig sein, egal, wie hoch sein Einkommen ist.« Finanzielle Sicherheit hängt mehr davon ab, was Sie behalten, als davon, wie viel Sie verdienen.

Finanzielle Sicherheit hängt mehr davon ab, was Sie behalten, als davon, wie viel Sie verdienen.

Bezahlen Sie sich zuerst selbst

Eine meiner ersten Lektionen im Leben drehte sich ums Sparen. Als junger Mann trieb es mich an, erfolgreich zu werden, und ich sah mich selbst als wohlhabende Person, noch bevor ich es war. Ich leitete in den 1960er-Jahren ein kleines Kreditbüro für Privatkunden und kannte einen Mann, der einige Jahre älter als ich war und den Spitznamen »Bird« trug. Ich lernte Bird und seine finanzielle Situation kennen. Seine Frau hatte eine solide Stelle als Lehrerin, aber ihre finanzielle Lage war deutlich besser, als man anhand ihres Einkommens hätte vermuten sollen.

Bird erklärte mir, sobald er sein Gehalt bekam, zahlte er es auf sein Konto ein, aber behielt einen Teil davon für sich. Ich meinte: »Ah, ich verstehe – Sie halten einen Teil des Geldes von Ihrer Frau fern, um es auszugeben, wie Sie wollen.«

Bird lachte und sagte: »Der Großteil unseres Einkommens geht auf ein Sparkonto und wird für Haushaltsausgaben, die Hypothekenzahlungen und den Hochschulfonds unserer Kinder verwendet.«

Ich meinte: »Bird, das verstehe ich nicht ganz. Sie werden bezahlt, behalten einen Teil des Geldes, und der Rest wird verwendet, um das Haus abzuzahlen und für Ihren Lebensunterhalt. Also was passiert mit dem Geld, das Sie von Ihrem Gehaltsscheck behalten?«

»Das Geld wird für mich arbeiten«, sagte er. »Morgen werde ich Ihnen ein kleines Buch mitbringen, das es viel besser erklärt, als ich das je könnte. Es ist ein dünnes Buch, das ich in einem Antiquariat gefunden habe, und hat mich 25 Cents gekostet. Der Titel hat meine Aufmerksamkeit erregt, denn ich bin sehr an Geschichte interessiert und lese gerne etwas über die Antike.«

Das dünne Büchlein hieß *The Richest Man in Babylon (Dt.: Der reichste Mann von Babylon)* von George S. Clason und wurde 1926 erstmals herausgebracht. Ich habe mich bereits in den vorherigen Kapiteln auf die Parabeln in Clasons Buch bezogen. Diese lehren einfache Gesetze, die sich um den Erwerb von Reichtum drehen, und eine der zentralen Maximen lautet: »Bezahle dich selbst zuerst.« In »Der reichste Mann in Babylon erläutert sein System«, erinnert sich Arkad, der wohlhabendste Mann in Babylon, an die Prinzipien, die ihm sein Mentor Algamish beigebracht und ihm gesagt hat: »Behalte einen Teil von allem, was du verdienst. Es sollte nicht weniger als ein Zehntel sein, egal wie viel du verdienst. Es kann auch mehr sein, je nachdem, wie viel du dir leisten kannst. Bezahle dich selbst zuerst. Kaufe nichts vom Schneider und Schuster, wenn du es nicht vom restlichen Betrag bezahlen kannst und immer noch genug für Nahrung, wohltätige Zwecke und Opfer an die Götter übrig hast.« Indem Sie sich selbst zuerst bezahlen, behalten Sie Ihr finanzielles Wohl im Blick, bevor Sie Geld für andere Zwecke verwenden. Der Betrag sollte nicht unter 10 Prozent Ihres Gehaltsschecks liegen, wobei es mehr sein darf, sofern Sie es sich leisten können.

»Der Samen nahezu jedes großen Vermögens ist die fest verankerte Angewohnheit, zu sparen.«

NAPOLEON HILL

Viele vermeiden es, sich zuerst selbst zu bezahlen, denn sie meinen, dafür nicht genug Geld zu haben – und das ist falsch. Sie überlegen sich: »Ich schaffe es kaum bis zum Monatsende, ohne Schulden zu machen, wie kann ich also mit nur 90 Prozent meines Gehalts auskommen?« Wenn Sie sich angewöhnen, das erste Zehntel Ihres Gehalts zu sparen (und irgendwann auch zu investieren, sobald Sie einen Notfallfonds eingerichtet haben), werden Sie herausfinden, dass Sie mit weniger Geld auskommen. Plötzlich wird Ihnen Ihr Budget größer vorkommen, denn Sie haben sich angewöhnt, zu sparen, und gelernt, ihre Zukunft über flüchtige Vergnügungen zu setzen. Wenn Sie zielgerichtet sparen, werden Sie neue Lebensfreude finden, die Sie ermutigt, bessere finanzielle Entscheidungen zu treffen und neue Chancen aufzuspüren, um Ihr Einkommen zu vermehren.

Finanzielle Freiheit beginnt damit, zu realisieren, dass Sie einen Teil von allem, was Sie verdienen, behalten dürfen. Sobald Sie beschlossen haben, sich selbst zuerst zu bezahlen und einen Teil Ihres Gehalts zurückzulegen, bevor Sie Geld für irgendetwas anderes ausgeben, sind Sie auf einem guten Weg zum Wohlstand. Ein Zehntel Ihres Einkommens zu sparen, ist eine gute Angewohnheit, die Sie Ihr ganzes Erwerbsleben lang beibehalten können. Denken Sie an das Beispiel des Farmers: Ihr zurückgelegter Verdienst lässt sich mit dem ausgebrachten Samen vergleichen, und je eher Sie sähen, desto schneller wird Ihr Wohlstand wachsen. Wie Algamish zu Arkad sagt: »Wohlstand wächst wie ein Baum aus einem kleinen Samen. Das erste Kupfer, das du sparst, ist der Samen, aus dem der Baum des Wohlstands wachsen soll. Je früher du den Samen pflanzt, desto eher wird der Baum wachsen. Und je gewissenhafter du durch dauerhaftes Sparen den Baum nährst und wässerst, desto früher kannst du dich zufrieden in seinem Schatten ausruhen.« Es ist nie zu spät, sich das Sparen anzugewöhnen, aber jeder Tag, den Sie es nicht tun, ist ein weiterer Tag, an dem Sie verhindern, dass Ihr Geld für Sie arbeitet.

»Sparen Sie nicht, was nach dem Ausgeben übrig bleibt, sondern geben Sie aus, was nach dem Sparen übrig bleibt.«

WARREN BUFFETT

Sparen Sie für schlechte Zeiten

Wenn Sie 10 Prozent Ihres Einkommens sparen, sollte es zuerst in einen Notfallfonds fließen, der einen Puffer zwischen Ihnen und dem Bankrott bildet. Laut einer Umfrage von Bankrate.com aus dem Jahr 2021 sind nur 39 Prozent aller Amerikaner in der Lage, sich eine unvorhergesehene Ausgabe von 1000 Dollar zu leisten. Studien zufolge ergibt sich diese Unfähigkeit, unerwartete Kosten zu tragen, aus der Tendenz der Amerikaner, ihr Einkommen für

Schuldenrückzahlungen zu binden – etwa für Kreditkartenrechnungen, Studienkredite und Raten fürs Auto.

Von Gehaltsscheck zu Gehaltsscheck zu leben, ist gefährlich, wenn Sie »gut leben« möchten. Was passiert, wenn der Gehaltsscheck das erste Mal ausfällt, vielleicht unverschuldet? So mag es dazu kommen, Gott bewahre, dass Sie Ihre Stelle verlieren oder durch eine Krankheit arbeitsunfähig werden. Was passiert, wenn ein Notfall eine große Summe erforderlich macht, wie ein Autounfall, ein kaputtes Haushaltsgerät oder eine medizinische Rechnung? Schlechte Zeiten gehören zum Leben, und Sie bereiten sich auf diese vor, indem Sie einen Teil Ihres Einkommens auf ein Notfall-Sparkonto einzahlen. Dieses ist für normale Ausgaben gedacht – etwa Kreditkartenrechnungen, Urlaube, Autokäufe. Sie dürfen es nur im Notfall anrühren, – etwa bei Jobverlust, Arbeitsunfähigkeit, großen finanziellen Rückschlägen und so weiter. Sobald Sie etwas aus diesem Notfallfonds brauchen, sollten Sie sofort damit beginnen, ihn wieder zu seinem vorherigen Betrag aufzustocken.

Der Notfallbetrag sollte Ihre normalen Alltagsausgaben für drei bis sechs Monate abdecken, ich rate zu sechs Monaten. Sobald Sie einen Betrag gespart haben, der sechs Monatseinkommen entspricht, haben Sie genug, um 90 Prozent aller unerwarteten Ereignisse zu überstehen, ohne dass es zur finanziellen Katastrophe kommt. Je liquider Sie sind, desto längere Phasen ohne Arbeit oder mit reduziertem Einkommen überstehen Sie, ohne Ihr Zuhause, Ihren Wagen oder die Fähigkeit zu verlieren, für Ihre Alltagsausgaben aufzukommen.

Bis Sie genug Geld gespart haben, um drei bis sechs Monate an Kosten zu decken, sollten Sie nichts für Wünsche ausgeben. Warten Sie mit der Anschaffung von nicht essenziellen Dingen, bis Sie Ihren finanziellen Regenschirm aufgespannt haben, der Sie an Regentagen schützt, die jederzeit über Sie hereinbrechen können. Wie Hill vorschlägt: »Es ist besser, in der Jugend etwas zu opfern, als es im reifen Alter tun zu müssen, wie es im Allgemeinen jenen passiert, die sich nicht angewöhnt haben, zu sparen.« Mit anderen Worten, es ist schwerer, etwas zu zurückzulegen, wenn man älter ist, denn man wird vermutlich weniger verdienen und sich bereits an einen gewissen Lebensstandard gewöhnt haben, als in der Hochphase seines Erwerbslebens zu sparen. Im Folgenden rät Hill, wie Sie sich vorteilhaftes Verhalten angewöhnen – nützliche Tipps, um sich mit dem Sparen anzufreunden.

Napoleon Hills Tipps, um sich vorteilhaftes Verhalten anzugewöhnen

Erstens: Um sich etwas Neues anzugewöhnen, muss man es zuerst nachdrücklich und enthusiastisch zum Ausdruck bringen. Vergessen Sie nicht, dass Sie die ersten Schritte eines neuen mentalen Pfades beschreiten, was zu Beginn viel schwerer ist als später. Gestalten Sie den Weg zu Beginn so deutlich und so ausgeprägt wie möglich, damit Sie ihn das nächste Mal deutlich erkennen, wenn Sie ihm folgen wollen.

Zweitens: Richten Sie Ihre Aufmerksamkeit fest auf den neu gebildeten Weg, und denken Sie nicht an die alten Pfade, damit Sie nicht wieder auf diese zurück geraten. Vergessen Sie die alten Wege und kümmern Sie sich nur um die neu angelegten.

Drittens: Nutzen Sie die neu angelegten Wege so häufig wie möglich. Schaffen Sie Möglichkeiten dafür, ohne zu warten, dass sie sich durch Glück oder Zufall ergeben. Je häufiger Sie die neuen Wege beschreiten, desto schneller werden sie ausgetreten und leichter zu nutzen sein. Planen Sie gleich am Anfang, wie Sie diese neuen Gewohnheitspfade beschreiten wollen.

Viertens: Stellen Sie sicher, den richtigen Weg als Ihr konkretes Hauptziel ausgearbeitet zu haben, und schreiten Sie dann ohne Furcht und Zweifel voran. »Legen Sie die Hand an den Pflug und blicken Sie nicht zurück.« Wählen Sie Ihr Ziel und legen Sie dann solide, tiefe und breite mentale Wege an, die direkt dorthin führen.

Sparen zieht Chancen an

Sobald Sie sich angewöhnt haben, zu sparen, werden Sie herausfinden, dass Sie Ihre Vermögenschancen verbessern – nicht nur durch Sparen und Investments, sondern auch durch neue Gelegenheiten, die sich aus Ihrem guten Umgang mit Geld ergeben. Hill erklärt: »Sich das Sparen angewöhnen, bedeutet nicht, dass man die eigenen Verdienstmöglichkeiten beschränkt. Es bedeutet das Gegenteil – Sie sollten dieses Gesetz anwenden, um nicht nur systematisch das zu bewahren, was Sie verdienen, sondern es werden sich dadurch auch mehr Chancen für Sie ergeben, Ihr Gehaltspotenzial zu steigern. Zudem verleiht es Ihnen die nötige

Vision, das Selbstvertrauen, die Vorstellungskraft, den Enthusiasmus, die Initiative und die Führungsstärke.« Die Angewohnheit, zu sparen, kultiviert viele erfolgsorientierte Eigenschaften – vor allem Selbstkontrolle, Durchhaltevermögen, Selbstvertrauen, Mut, Gelassenheit und Furchtlosigkeit. Diese Eigenschaften werden Ihnen helfen, Ihr Verlangen in praktisch anwendbare Pläne zu verwandeln, die Sie mit Initiative und Ausdauer umsetzen. Konstruktive Angewohnheiten zu entwickeln, zieht die positive Wirkung der kosmischen Macht der Gewohnheit an – des natürlichen Gesetzes, demzufolge wiederholt getroffene positive Entscheidungen zu einem konstruktiven Rhythmus führen, der Sie schneller auf den Erfolgsweg bringt.

Wenn Sie diese positiven Eigenschaften kultivieren, werden andere es bemerken und Sie für Ihre Mühen belohnen. Sie werden Positionen und Chancen erhalten, die zu größerer Verantwortung führen. Hill bemerkt dazu: »Jeder Unternehmer wird lieber eine Person einstellen, die regelmäßig Geld spart, und nicht nur allein deswegen, sondern weil sie aufgrund ihres Charakters effizienter arbeitet.« Führungskräfte in allen Bereichen werden niemandem Verantwortung übertragen, besonders nicht in puncto Finanzen, der nicht mit Geld umgehen kann. Dieses Prinzip wird in der Bibel erwähnt. Lukas 16,10 besagt: »Wer im Geringsten treu ist, der ist auch im Großen treu; und wer im Geringsten ungerecht ist, der ist auch im Großen ungerecht.«[1] Vergessen Sie also nicht: Wenn Sie nicht einen Teil Ihres gesamten Einkommens zurücklegen können, wird man Ihnen nicht mehr anvertrauen als bereits

1 Lutherbibel 2017

geschehen. Um Ihr Verdienstpotenzial zu steigern, sollten Sie ein guter Verwalter Ihres eigenen Einkommens werden.

»Wenn Sie kein Geld sparen können, tragen Sie nicht den Samen wahrer Größe in sich.«

W. CLEMENT STONE

Sobald sich Ihr Geld vermehrt, weil Sie sich angewöhnt haben, zu sparen, werden Sie ein Gefühl wirtschaftlicher Freiheit entwickeln. Hill beschreibt es so: »Indem Sie sich selbst stets weiter antreiben und von sich selbst einerseits ein gesteigertes Verdienstpotenzial verlangen, und indem Sie andererseits einen konkreten Betrag Ihres Verdienstes auf die Seite legen, werden Sie bald den Punkt erreichen, an dem Sie alle Ihre eingebildeten Grenzen aus Ihrem Verstand entfernt haben. Dann werden Sie ein gutes Stück auf dem Weg zur finanziellen Unabhängigkeit vorangekommen sein.«

Ihr Sparkonto zu füttern, wird alles in Ihrem Leben ruhiger und kontrollierter erscheinen lassen. Ihre Ängste werden sich zerstreuen, denn Sie erkennen, dass ungeplante Ausgaben nur unangenehm sind, aber keine Katastrophen. Das wird Ihnen ermöglichen, in Ihrem Leben präsent zu sein und nicht ständig nervös in die Zukunft zu blicken, ein Auge auf die nächste mögliche Bodenwelle gerichtet. Sie werden zufriedener in Ihrem Job sein, denn Sie werden gerne und zielgerichtet arbeiten und nicht aus nackter Notwendigkeit. Sie werden außerdem merken, dass Ihre

Fähigkeit, zu sparen, sich exponentiell verbessert, da sich mehr und mehr Chancen und finanzielle Vorteile für Sie ergeben. Kurz gesagt, eine ganz neue Welt der finanziellen Freiheit wird sich für Sie öffnen, die mit sich die größte Frucht des Erfolges bringt – Seelenfrieden.

Tipps, um wohlhabender zu werden

- Ihr Geld ist wie die Saat, die ein Farmer nutzt: Sie können sie auf einmal einsetzen oder etwas dafür für die Zukunft aufheben. Eine künftige Ernte einzubringen, erfordert, dass Sie einen Teil der Saat zurücklegen.
- Ihr Einkommen ist das beste Tool, um Reichtum aufzubauen, aber der gesparte Geldbetrag ist unwichtiger als Ihre Fähigkeit, zu sparen. Finanzielle Sicherheit entsteht eher aus dem, was Sie behalten, als aus dem, was Sie verdienen.
- Finanzielle Unabhängigkeit beginnt damit, zu realisieren, dass Sie einen Teil Ihres Verdienstes behalten können.
- Sobald Sie Ihren Gehaltsscheck erhalten, sollten Sie sich zuerst selbst bezahlen und mindestens 10 Prozent sparen oder investieren, bevor Sie Ihr Geld für andere Dinge ausgeben.
- Um die Metapher mit dem Saatgut auszuweiten – je eher Sie die Samen Ihres Geldes pflanzen, desto eher wird Ihr Baum des Reichtums wachsen und desto schneller können Sie sich in seinem Schatten zur Ruhe setzen.

- Die erste Anwendung für Ihr Erspartes sollte ein Notfallfonds sein, der drei bis sechs Monate lang Ihre Alltagskosten deckt. Dieser Fonds ist Ihr Puffer gegen den Bankrott bei unerwarteten Ausgaben und sollte nur Notfällen dienen: Arbeitsplatzverlust, medizinische Rechnungen und andere große finanzielle Rückschläge.
- Indem Sie sparen, entwickeln Sie auch andere positive Eigenschaften, die für den Erfolg essenziell sind, wie Selbstkontrolle, Durchhaltevermögen, Selbstvertrauen, Mut, Gelassenheit und Furchtlosigkeit. So ziehen Sie in Ihrem Leben auch größere Chancen an, da andere Ihnen mehr Verantwortung übertragen werden, wenn Sie Ihr Geld im Griff haben.

Ihr Millionär-Masterplan

- Legen Sie den Sparbetrag für einen angemessenen Notfallfonds fest. Dieser sollte drei bis sechs Monate lang Ihre Alltagskosten decken. Um die Summe aufzustellen, rechnen Sie aus, wie viel Sie in den letzten drei bis sechs Monaten ausgegeben haben, abhängig von der Größe des Puffers, den Sie anstreben. (Beachten Sie, dass sechs Monate zu bevorzugen sind.) Dieser Betrag sollte ein ausreichendes Polster bieten, denn in einem Notfallszenario würden Sie vermutlich unnötige Ausgaben meiden.
- Anzahl der Monatsbeträge für alle nötigen Ausgaben:

____

- Gesamtbetrag, der in den letzten ___________ Monaten ausgegeben wurde: _______
- Zielbetrag für den Notfallfonds: ____________
- Wenn Sie jeden Monat 10 Prozent Ihres Einkommens sparen: Wie viele Monate wird es dauern, bis Sie Ihr Notfallsparkonto aufgefüllt haben?

    - Monatliches Einkommen: ____________________
      × 0,10 = ____________________
    - Ziel für den Notfallfonds: ____________________
      ÷ monatlicher Sparbetrag: ____________________
      = ____________________
      Das ist die Zahl an Monaten, die es dauern wird, bis Sie Ihr Notfallsparkonto gefüllt haben, wenn Sie 10 Prozent Ihres Einkommens sparen.

- Legen Sie drei Aktivitäten für diese Woche fest, um mit dem Sparen anzufangen, und halten Sie sich daran.

____

____

____

____

____

KAPITEL 7

ASSETS: MENSCHEN SIND VERSCHIEDEN

Reiche Menschen erwerben Assets. Die Armen und die Mittelklasse machen Schulden, die sie für Assets halten.

Robert Kiyosaki, *Rich Dad, Poor Dad*

Nachdem Sie einen Notfallsparfonds eingerichtet haben, der drei bis sechs Monate lang Ihre Alltagskosten deckt, lautet der nächste Schritt, zu investieren oder Assets zu erwerben, die Ihnen künftig Erträge einbringen. Im nächsten Kapitel geht es um die Grundlagen des Investierens, aber zuerst ist es wichtig, die zwei Arten zu kennen, »künftige Erträge« zu interpretieren.

Während manche Menschen sich sich vorrangig an materiellen Gütern erfreuen und hoffen, dass ihre Assets beim Verkauf genügend Profit einbringen, investieren andere ihr Geld in Assets, die Erträge in Form von Kapital oder anderen Zahlungen liefern. Gehört man zur ersten Gruppe, kann man zumindest wohlhabend wirken – mit schicken Autos, teuren Häusern und schöner Kleidung –, aber denken Sie daran, dass der äußere Schein oft täuscht. Wenn Ihr gesamtes Kapital in materiellen Gütern steckt, verfügen Sie eher nicht über genügend Mittel, um aktiv Wohlstand zu bilden, der bei Bedarf schnell und ohne zu große Verluste in Bargeld umgewandelt werden kann.

Der Scheint trügt

Henry (Name geändert) wirkte nach allem Dafürhalten wie eine wohlhabende Person. Nachdem er sein Kohlebergwerksunternehmen verkauft hatte, wollte er sein Leben genießen. Doch trotz seines Gesamtvermögens von über 3 Millionen Dollar ging ihm schnell das Geld aus.

Er bewarb sich um einen Bankkredit, und als er mit dem Kreditmanager seine Bilanzen betrachtete, stellte Henry ein Problem fest. Während er das Kohlebergwerk geführt hatte, hatte Henry ein hervorragendes Einkommen genossen und einen opulenten Lebensstil gepflegt. Zu Henrys Käufen gehörten ein Haus, das fast 750 000 Dollar gekostet hatte, eine Eigentumswohnung neben einem Golfplatz für knapp 400 000, ein Wohnmobil für über 100 000 Dollar, teure Armbanduhren, ein Luxuswagen und ein teures Boot. Jeder, der Henry kannte, hätte angesichts seines Lebensstils gedacht, er habe es zu etwas gebracht.

Henrys Problem bestand darin, dass sein gesamtes Vermögen in Assets gebunden war, die kein Geld einbrachten. Lassen Sie mich das erklären: Anschaffungen wie Ihr Haus, zweite oder dritte Häuser, Autos und Schmuck generieren kein regelmäßiges

Einkommen, bis sie verkauft werden. Von dem Zeitpunkt an, zu dem Sie sie gekauft haben, bis zum Verkauf ist Geld in diesen Assets gebunden, das Sie investiert haben könnten, um ein regelmäßiges Einkommen zu schaffen. Außerdem produzieren persönliche Assets selten Gewinne. Tatsächlich muss der Besitzer, falls er in Geldnot gerät und schnell ein Asset abstoßen muss, das keine Erträge generiert, damit rechnen, einen beträchtlichen Verlust für sein Investment hinzunehmen. Häuser mögen ein gutes Investment sein, aber in Henrys Fall hatte er einen Hauptwohnsitz gebaut, der zwei- oder dreimal so teuer war wie ein durchschnittliches Haus in dieser Nachbarschaft, was bei einem Verkauf normalerweise kein gutes Zeichen für den Marktwert eines Hauses ist. Henry stellte fest, dass ein Gold-Investment, das er bei einem Goldpreis von über 800 Dollar pro Feinunze getätigt hatte, Verlust gemacht hatte, weil der Preis auf 400 Dollar gesunken war. All seine Assets, die keine Erträge abwarfen, waren sogar weniger wert, als was er dafür gezahlt hatte.

Als Henry in das Alter kam, in dem er aus gesundheitlichen Gründen nicht mehr arbeiten konnte und er auf Sozialhilfe angewiesen war, musste er sogar in eine Sozialwohnung ziehen. Natürlich hatte er nicht geplant, dass die letzten Jahre seines Lebens sich so unerfreulich entwickeln würden. Nein, Henry hatte überhaupt nichts geplant. Hätte er mehr Geld für ertragreiche Assets ausgegeben und weniger für »Spielzeug«, hätte er in seinen späten Lebensjahren über ein dringend nötiges Einkommen verfügt.

»Die meisten Menschen haben finanziell zu kämpfen, weil sie eine Menge Geld ausgeben – und nur wenig einnehmen.«

ROBERT KIYOSAKI

Floyd (ebenfalls Name geändert) war zu gleichen Teilen Henrys Partner beim Kohlebergwerk, aber Floyd ging mit seinen Finanzen anders um. Er gab 100 000 Dollar aus, um sein relativ günstig gekauftes Haus zu renovieren und zu erweitern. Er fuhr einen Wagen in mittlerer Preislage. Er kaufte keine Luxusgegenstände, um seinen Reichtum zu zeigen, wobei der Schein trog, denn er war in einem Sinne äußerst wohlhabend, der für die finanzielle Sicherheit entscheidend ist.

Zuerst zahlte Floyd sein Geld bei der Bank ein, um es abzusichern, und einen Teil davon investierte er langfristig in Einlagenzertifikate. Floyd informierte sich darüber, wie man Zertifikate von kurzfristig bis zu Fünfjahreszertifikaten staffelt. Wenn die Zinsen hoch sind, kann es verlockend sein, die langfristigen Anleihen abzustoßen, aber Floyd wusste, wenn sein ganzes Kapital langfristig investiert war und er Bargeld brauchte, wären die Gebühren für das vorzeitige Einlösen hoch gewesen, und er hätte einen Teil seines Geldes verloren. Die Zertifikate zu staffeln, erlaubte ihm, sie in Halbjahresintervallen regelmäßig bis zu einer Dauer von fünf Jahren zu verkaufen. Kurzfristige Einlagenzertifikate führen nur zu einer kleineren Gebühr beim Abheben von Geld, was ihm mehr Liquidität verschaffte. So konnte er in einem Notfall leichter an Geld kommen.

Das Reinvermögen ist nur ein Teil der Geschichte

In der Schule haben Sie vermutlich den Begriff »Reinvermögen« gehört. Diese Zahl aus der Buchhaltung bezeichnet das Ergebnis, wenn man alle Assets zusammenrechnet und alle Zahlungsverpflichtungen abzieht. Einfach ausgedrückt, ist es Ihr Besitz abzüglich Ihrer Schulden. Um diese Zahl korrekt zu berechnen, müssen Sie den aktuellen Wert Ihrer Assets herausfinden statt nur den Einkaufspreis. Assets, die Sie berücksichtigen sollten, sind unter anderem Ihr Haus, Auto(s), Bargeld, Einlagenzertifikate, Aktien, Anleihen, Investmentfonds, ETFs und jeder persönliche Besitz, der verkauft werden könnte. Zahlungsverpflichtungen, die es zu berücksichtigen gilt, sind unter anderem der Betrag, den man für eine oder mehrere Hypotheken schuldet, sowie alle Kredite (für Auto, Studium und Privatkredite), Kreditkartenschulden und alle anderen persönlichen Schulden. Wenn Sie über ein positives Reinvermögen verfügen, übersteigen Ihre Assets Ihre Zahlungsverpflichtungen. Ist Ihr Nettovermögen hingegen ein negativer Wert, übersteigen Ihre Zahlungsverpflichtungen Ihre Assets, und Sie haben mehr Schulden als Besitz.

Hier zwei Beispiele für Analysen des Reinvermögens über einen Zeitraum von 20 Jahren. Die Assets und Zahlungsverpflichtungen enthüllen einiges über die beiden ehemaligen Geschäftspartner, von denen beide nach dem Verkauf des Unternehmens etwa 2 Millionen Dollar besaßen.

Assets	**Henry**	**Floyd**
Bargeld (inklusive Einlagen)	50 000 $	400 000 $
Aktien und Anleihen	0 $	800 000 $
Hauptwohnsitz	950 000 $	400 000 $
Zweites Haus	400 000 $	Apartmentgebäude mit Mietwohnungen für 900 000 $
Persönlicher Besitz	400 000 $	100 000 $
Gesamte Assets	**1 800 000 $**	**2 600 000 $**

Zahlungsverpflichtungen	**Henry**	**Floyd**
Hauptwohnsitz	450 000 $	400 000 $
Hypothek auf zweites Haus	200 000 $	0 $
Persönliche Schulden	150 000 $	0 $
Gesamtschulden	**800 000 $**	**400 000 $**

Reinvermögen	**1 000 000 $**	**2 200 000 $**

Wie Sie sehen, hat Henry den Großteil seines Geldes in ertraglose Assets gesteckt, wozu sein angesichts seiner Finanzlage viel zu kostspieliges Haus gehört. Diese ertraglosen Assets, wie sein Ferienhaus und persönlicher Besitz, würden vermutlich weit weniger einbringen, als er dafür bezahlt hat, falls er sie kurzfristig verkaufen müsste. Obwohl Henrys Reinvermögen 1 Million Dollar betrug – nach jedem Maßstab eine solide Summe –, war der Großteil in Assets gebunden, die ihm kein Geld einbrachten – was den Unterschied zwischen seinem und Floyds Reinvermögen erklärt – und die bei Bedarf nicht einfach wieder zu Bargeld umgewandelt werden konnten. Das zwang Henry, über einige Jahre hinweg seine ertraglosen Assets abzustoßen, was seinen Lebensstil dramatisch wandelte. Einst genoss er seine Luxusgegenstände und Spielzeuge, heute lebt er von einer kleinen Rente in einer Sozialwohnung. Wenn wir Henrys Selbstgespräche hören könnten, würde er vermutlich etwas sagen wie: »Hätte ich doch nur …«

Während Henry von seinen »Spielzeugen« besessen war, bildete Floyd sich weiter, um seine Finanzen zu managen und in die Zukunft zu investieren. Denken Sie daran, dass Henry und Floyd im Grunde mit dem gleichen Geldbetrag starteten, dann jedoch, gemäß ihren finanziellen Entscheidungen, völlig unterschiedliche Wege einschlugen. Die Lektion lautet, dass nicht alle Assets sich gleich auswirken. Wenn Sie einen Großteil Ihres Geldes für ertraglose Assets ausgeben, wird Ihr Einkommen nicht mehr fließen, sobald Sie kein Gehalt mehr beziehen. Wenn Sie hingegen Ihr Kapital in Assets investieren, die direkt Einkommen generieren, wie Aktien, die Dividenden abwerfen, Anleihen oder Einlagenzertifikate, die Zinsen bringen, Mietimmobilien und Urheberrechte, die Lizenzgebühren generieren, dann sind Sie imstande,

Wohlstand zu bilden, um sich für später zu wappnen, wenn Sie nicht mehr arbeiten.

Die Bedeutung des fliessenden Einkommens

In *Der reichste Mann von Babylon* lehrt George Clason, wie wichtig es ist, sich durch intelligentes Investieren künftig fließendes Einkommen zu sichern: »Der Reichtum eines Menschen liegt nicht in den Münzen, die er in seiner Tasche trägt; es ist das Einkommen, das er aufbaut, der goldene Strom, der stets in seinen Geldbeutel fließt und ihn füllt, das ist es, was jeder Mensch begehrt. Das ist es, was ihr, jeder von euch begehrt: Ein Einkommen, das anhält, ob man arbeitet oder reist.« Die richtigen Assets generieren Einkommen, sichern und schützen den anhaltenden goldenen Strom des Wohlstands, der Sie stützt, wenn Sie nicht mehr arbeiten können oder wollen.

Robert Kiyosaki, Autor von *Rich Dad, Poor Dad*, zufolge bleibt die Mittelklasse deswegen Mittelklasse, weil sie Schulden für Assets hält und Geld in Anschaffungen steckt, die mehr Geld verschlingen, als sie generieren. Laut seiner Definition ist ein Asset etwas, das »Wert hat, Einkommen produziert oder im Wert steigt, und für das es einen Markt gibt«. Er empfiehlt, zu testen, ob der eigene Besitz ein Asset ist oder nur Kosten nach sich zieht – fragen Sie sich: »Wenn ich aufhören würde, zu arbeiten, was würde mir Geld einbringen und was würde Geld kosten?«

Um wohlhabend zu werden, rät Kiyosaki, sich weniger auf sein Gehalt zu konzentrieren, sondern auf Cashflow oder die

Richtung, in die sich Ihr Kapital bewegt. Wenn Ihr Geld hauptsächlich auf ein Konto, in ein Unternehmen oder ein Investment fließt, dann ist das Asset tatsächlich nur ein Kostenfaktor. Wenn hingegen Geld von einem Konto, Unternehmen oder Investment zu Ihnen fließt, dann produziert dieses Asset Wohlstand, und Sie sind in der Lage, Wohlstand zu bilden. Was ein Asset abwirft, muss die damit einhergehenden Kosten übersteigen, also wägen Sie die Kosten gut ab, um die Fließrichtung Ihres Kapitals zu bestimmen.

»Der Reichtum eines Menschen steckt nicht in seiner Geldbörse. Eine dicke Geldbörse leert sich schnell, wenn kein goldener Strom sie auffüllt.«

GEORGE S. CLASON

Henry ging davon aus, sein hohes Gehalt und großes Reinvermögen würden ihn im Alter absichern, aber er lag falsch. Seine sogenannten Assets stiegen nicht im Wert, und der Markt war nicht bereit, so viel dafür zu bezahlen wie Henry zum Zeitpunkt des Kaufs. Hätte er besser zwischen Assets und Schulden unterschieden, hätte er festgestellt, dass sein Reichtum ein Luftschloss war, das verbarg, dass er nur einen Schritt von einer Sozialwohnung entfernt war. Eine Sozialwohnung ist nicht schlimm für jemanden, der sich nichts anderes leisten kann, aber sie ist ein trauriges Zuhause im Alter, wenn man einst über 1 Million Dollar besaß.

Reiche werden reicher, weil sie Assets kaufen, die Wohlstand generieren. Diese Assets arbeiten für sie, sodass sie sich nicht abrackern müssen, bis sie sterben. Ihre Assets dienen als Vermächtnis für ihre finanzielle Cleverness und vorausschauende Visionskraft. Welche Geschichte würden Ihre Assets über Sie und Ihren finanziellen Sachverstand erzählen?

Ihr grösstes Asset

Über die materiellen und finanziellen Assets hinaus gibt es nichtmaterielle Assets, die weiter Erträge liefern, sofern Sie sie gut managen – und sie entscheiden über Ihren ultimativen Erfolg. Ohne diese Assets schenkt Ihnen kein Geldbetrag Seelenfrieden, und Sie werden vermutlich nicht das verdiente Kapital erhalten.

Ihr größtes Asset ist Ihr Verstand, der Ihr Verlangen im materiellen Sinne realisieren kann, sofern Sie fokussiert angewandten Glauben nutzen und Ihr Wissen praktisch umsetzen. Ihre Einstellung diktiert Ihre Ergebnisse im Leben. Wenn Angst und negative Emotionen Sie bestimmen, werden Sie nicht in der Lage sein, Ihr Verlangen in Erfolg zu übertragen. Wenn auf der anderen Seite Zielstrebigkeit und Selbstvertrauen Ihr Mindset ausmachen, wird Ihr mentaler Reichtum sich durch eine stattliche Dividende an Möglichkeiten auszahlen. Napoleon Hill empfiehlt, eine Inventur der eigenen mentalen Aktiva und Passiva vorzunehmen, um festzustellen, ob man ein positives oder negatives mentales Reinvermögen besitzt. Ein positives mentales Reinvermögen stellt sicher, dass Sie mit der Zeit an Wert gewinnen, und Ihr gesteigerter Wert wird die Kooperation und die Unterstützung anderer anziehen.

»Das wichtigste Investment ist, in sich selbst zu investieren. Nur wenige Menschen schaffen es, ihre potenziellen Möglichkeiten in einen realen Output in ihrem Leben umzusetzen.«

WARREN BUFFETT

Andere verfügbare nichtmaterielle Assets, um Wohlstand zu generieren, sind Zeit und Fehlschläge. Jedem steht, unabhängig von seinem Finanzstatus, dieselbe Zeit an Stunden am Tag zur Verfügung wie allen anderen. Wie Hill sagt: »Egal, ob Sie reich oder arm sind, Sie haben ein Asset, das genauso mächtig ist wie das des reichsten Menschen der Welt – und das ist ZEIT.« Erfolgreiche Menschen maximieren ihre Zeit, um ihren Tagesablauf so zielgerichtet wie möglich zu gestalten. Sie schieben nichts auf, zum Beispiel auf morgen, was sie heute tun können. Sie lassen nicht zu, dass Selbstzweifel sie davon abhalten, aktiv ihre Träume zu verfolgen. Und vor allem lassen sie nicht zu, dass ein Fehlschlag sie von ihrem Weg zum Erfolg abbringt. Sie erkennen, dass Widrigkeiten, im rechten Licht betrachtet, im Grunde Assets sind, denn in jedem Scheitern steckt der Samen einer neuen Chance.

Um erfolgreich zu sein, sollten Sie in Assets investieren, die Einkommen generieren, aber auch in sich selbst investieren. Ihr Verstand ist der Schlüssel zu großem Wohlstand, also behandeln Sie ihn wie das Asset, das er ist. Kultivieren Sie positive Emotionen wie Selbstvertrauen, Glaube und Verlangen; entwickeln Sie die Eigenschaft der persönlichen Initiative; und lernen Sie, zeitweilige Niederlagen als eine Chance für Wachstum zu interpretieren. Dann werden Sie auf Ihrer Reise zum Reichtum motiviert und zielführend vorgehen.

Tipps, um wohlhabender zu werden

- Ein Investment ist ein Kauf, der voraussichtlich einen künftigen Ertrag einbringen wird.
- Ein ertragloses Asset bietet kein Einkommen, bis man es verkauft. Dazu gehören unter anderem Häuser (außer Miethäuser), Autos, Schmuck und anderer persönlicher Besitz.
- Ein ertragreiches Asset liefert Kapitalgewinne oder Auszahlungen. Dazu gehören Aktien, die Dividenden ausschütten, Anleihen und Einlagenzertifikate, die Zinsen bringen, Mietimmobilien und Urheberrechte, die Lizenzgebühren abwerfen.
- Ertragreiche Assets sind ertraglosen vorzuziehen, denn sie:
  - führen zu einem regelmäßigen Einkommen oder nehmen an Wert zu, statt Geld zu kosten oder an Wert zu verlieren;
  - können Sie im Allgemeinen, ohne bedeutende finanzielle Verluste, einfach wieder in Bargeld umwandeln;
  - sorgen für ein sicheres, fließendes Einkommen in der Zukunft, wenn Sie nicht mehr arbeiten können.
- Ihr Reinvermögen bestimmen Sie, indem Sie den aktuellen Wert all Ihrer Assets zusammenrechnen und Ihre Zahlungs-

verpflichtungen von diesem Betrag abziehen. Weist Ihr Reinvermögen einen positiven Wert auf, übersteigen Ihre Assets Ihre Zahlungsverpflichtungen. Wenn Ihr Reinvermögen negativ ist, übersteigen Ihre Zahlungsverpflichtungen Ihre Assets, und Sie haben mehr Schulden als Besitz.

- Reinvermögen ist eine nützliche Maßzahl, um festzustellen, wie gesund Ihre Finanzen sind, aber es erzählt nicht die ganze Geschichte: Ertragreiche Assets sind wichtiger für die finanzielle Sicherheit als solche, die keinen Ertrag einbringen.
- Prüfen Sie, wohin Ihr Cashflow fließt, um einzuschätzen, ob ein Investment wirklich ein Asset ist oder eine Verbindlichkeit. Wenn das Kapital vor allem hineinfließt und nicht hinaus, dann ist es eine Verbindlichkeit, die Sie irrtümlich für ein Asset gehalten haben mögen.
- Zusätzlich zu materiellen Assets gibt es nichtmaterielle Assets, die entscheidend für Ihren Erfolg sind:
    - Ihre Einstellung
    - Zeit
    - Fehlschläge

Ihr Millionär-Masterplan

- Erstellen Sie eine Liste all Ihrer Assets. Analysieren Sie diese in puncto Cashflow: Welche generieren Einkommen und welche nicht (oder schlimmer: verbrauchen mehr Geld, als sie abwerfen)? Streichen Sie alle Assets von der Liste, die versteckte Verbindlichkeiten sind.

➢ Berechnen Sie Ihr Reinvermögen, indem Sie all Ihre Assets zusammenrechnen und Ihre Zahlungsverpflichtungen von diesem Betrag abziehen. Überrascht Sie die Zahl, die dabei herauskommt? Wieso oder wieso nicht?

➢ Wenn Sie es nicht bereits getan haben, legen Sie fest, über wie viel Reinvermögen Sie gerne in fünf Jahren … zehn Jahren …. zwanzig Jahren … und so weiter verfügen würden.

- Bestimmen Sie drei Schritte für dieses Jahr, um Ihr Reinvermögen durch Einkommen generierende Assets zu vermehren, und verpflichten Sie sich, diese drei Schritte umzusetzen.

____

____

____

____

____

- Napoleon Hill empfiehlt eine Inventur Ihrer mentalen Assets und Verbindlichkeiten bzw. Aktiva und Passiva, um zu bestimmen, ob Sie ein positives oder negatives mentales Reinvermögen besitzen. Ein positives mentales Reinvermögen stellt sicher, dass Ihr Wert mit der Zeit steigt, und Ihr gesteigerter Wert wird die Kooperation und die Unterstützung anderer anziehen. Führen Sie eine Inventur Ihrer mentalen Aktiva und Passiva durch, indem Sie identifizieren, welche mentalen Merkmale, Qualitäten, Ideen, Gedanken und Emotionen Ihren Wert vermehren – und welche Ihren Wert mindern. Ist Ihr mentales Reinvermögen positiv oder negativ?

____

____

____

____

____

- Überlegen Sie sich drei Handlungsschritte für dieses Jahr, um Ihr mentales Reinvermögen zu vergrößern, und verpflichten Sie sich, diese durchzuführen.

____

____

____

____

____

KAPITEL 8

INVESTMENTS: STEIGERN SIE IHREN WOHLSTAND WIE EIN MILLIONÄR

Lasse jede Münze für dich arbeiten, sodass sie weitere hervorbringt, wie die Herden auf dem Felde, und dir Einkommen bringt, einen Strom des Wohlstands, der stets in deine Geldbörse fließen soll.

George S. Clason, *Der reichste Mann von Babylon*

Es ist normal, zu denken: »Ich gehe lieber auf Nummer sicher und spare all mein Geld, statt es in Aktien oder eine andere Investmentmöglichkeit zu stecken.« Das ist jedoch ein enormer Fehler. Wenn Sie anhaltend einen Prozentsatz Ihres Einkommens sparen, werden Sie nach und nach Wohlstand aufbauen. Aber Ihre Gewinne werden minimal sein, und die Inflation frisst Ihre Ersparnisse. Der weltbekannte Investor Warren Buffett sagt: »Viele sind heute zufrieden damit, liquide Mittel zu besitzen. Doch das sollten sie nicht sein. Sie haben sich für ein langfristig miserables Asset entschieden, das so gut wie nichts abwirft und mit Sicherheit an Wert verliert.«

Mit der Zeit steigen die Preise von Gütern und Dienstleistungen, weshalb Sie mit Ihrem heutigen Geld künftig immer weniger von diesen Gütern bezahlen können. Um die Inflation zu schlagen und das Geld schneller wachsen zu lassen, sollten Sie lernen, wie Sie Ihr Geld für sich arbeiten lassen. Wie Arkad seinen Zuhörern in *Der reichste Mann von Babylon* rät: »Lerne, deinen Reichtum für dich arbeiten zu lassen. Mache ihn zu deinem Sklaven. Lasse seine Kinder und Enkelkinder für dich arbeiten.« Für Ihre künftige finanzielle Sicherheit ist es essenziel, zu lernen, wie Sie richtig investieren.

Investieren bedeutet, Assets zu kaufen, die durch Gewinne oder Ausschüttungen Einkommen generieren. In diesem Kapitel werden wir die häufigsten Arten von Investments behandeln, aber zuerst ist es wichtig, eine allgemeine Philosophie des Investierens zu skizzieren:

1. Sie sollten wissen »warum«.
2. Akzeptieren Sie kluge Ratschläge, aber keine Meinungen.
3. Investieren Sie in etwas, das Sie verstehen.
4. Diversifizieren Sie Ihre Investments.
5. Reinvestieren Sie Dividenden.
6. Bleiben Sie auf Kurs.

Ergründen Sie Ihr »Warum«

Zuerst einmal ist es wichtig, die treibende Kraft hinter Ihren Investments zu identifizieren und sich deutlich vorzustellen. Fragen Sie sich selbst: »Was ist der größere Zweck hinter meinen Investments? Wofür will ich diese Mittel einsetzen?« Wie wir später in diesem Kapitel noch besprechen werden, sind Investments keine kurzfristigen Maßnahmen, um schnell Wohlstand aufzubauen; sie werfen erst mit der Zeit Geld ab oder nehmen an Wert zu. In *My Own Story* erzählt der amerikanische Finanzier Bernard Baruch, dass viele Menschen ihn um Tipps für »heiße« Investments baten – um schnell und mit wenig Aufwand Geld zu verdienen. Er vergleicht diesen Wunsch mit dem Mittelalter, als die Alchemisten ihre Zeit mit der Suche nach einer magischen Methode vergeudeten, um normales Metall in Gold zu verwandeln. Da es keine sichere Methode gibt, um schnell und mühelos Erträge mit Investments zu generieren, sollten Sie das Kapital aus Ihren Investments für größere Ziele einplanen, wie eine Anzahlung auf ein Haus, die Hochschulausbildung Ihrer Kinder und ausreichend Wohlstand für den Ruhestand. Ihr »Warum« sollte bedeutsam genug sein, um Sie zu soliden Investments zu motivieren, für die Sie dauerhaft Geld aufwenden und bei denen Sie nicht versucht sind, sie vorzeitig zu liquidieren.

Akzeptieren Sie kluge Ratschläge, aber keine Meinungen

Vielen Kleinanlegern mag es nützen, sich Investmenttipps zu holen. Aber den Finanzmarkt prägen viel Lärm und wenig Substanz. Es ist entscheidend, jeden Rat mit eigenen Erkenntnissen abzugleichen, um Ihr Vorgehen festzulegen.

In *Der reichste Mann von Babylon* berichtet der reiche Investor Arkad von einer schmerzlichen Lektion darüber, wie wichtig es ist, den finanziellen Rat anderer abzuwägen und nur auf weise Empfehlungen zu hören, anstatt auf gut gemeinte, aber wenig fundierte Tipps. Azmur, der Ziegelbrenner, plant, in das Land der Phönizier zu reisen, und lädt Arkad ein, mit ihm in seltene phönizische Edelsteine zu investieren. Aber die Phönizier betrügen Azmur und verkaufen ihm wertloses Glas statt die versprochenen Juwelen. Weil Azmur ein Ziegelbrenner ist, weiß er nicht genug über Edelsteine, um die Fälschungen zu erkennen. Schließlich verlieren Azmur und Arkad ihr investiertes Geld und müssen mit ihren Investments wieder bei null anfangen. Arkad fasst die Lektion wie folgt zusammen: »Jemand, der einen Rat über Ersparnisse von einem Unerfahrenen annimmt, wird mit seinen Ersparnissen bezahlen und somit zeigen, dass diese Meinungen falsch sind.«

»Ratschläge werden gerne kostenlos erteilt, aber Sie sollten darauf achten, nur die anzunehmen, die es wert sind.«

GEORGE S. CLASON

Selbst professionelle Finanzberater können ungenaue Informationen liefern, also gilt es, auf jeden Fall Ihre Vorschläge zu hinterfragen und andere Experten hinzuziehen, um sicherzustellen, dass die Ratschläge fundiert sind. In den 1970er-Jahren war ich bei einer Gemeindebank als Vizepräsident angestellt. Der Goldpreis stieg damals stetig, und viele meiner Kunden erhielten finanzielle Tipps, ihr Geld abzuheben und Gold zu kaufen. Sie hörten, sie könnten nicht verlieren, und rechneten damit, dass der Goldpreis auf 2000 Dollar pro Feinunze steigen würde. Aber dies erwies sich als miserable finanzielle Entscheidung. Der Goldpreis erreichte seinen Höchststand bei 875 Dollar pro Unze und fiel dann auf etwa 300 Dollar pro Unze. Statt die Geschichte des Goldpreises zu studieren, beschlossen diese Kunden, externen Rat anzunehmen. Leider waren sie somit schlecht beraten. Auch wenn der Goldpreis heute viel höher liegt, hat es etwa 30 Jahre gedauert, bis er vom Tiefstand von 380 Dollar im Jahr 1990 auf etwa 1800 Dollar pro Unze stieg.

Es empfiehlt sich, das Risiko bei jedem Investment einzuschätzen und zu entscheiden, nachdem Sie Expertentipps eingeholt und selbst recherchiert haben. Sie entscheiden, niemand anderes. Sie sollten sich klarmachen, dass der Anbieter des Goldes damit Geld verdienen will. Wenn Sie nichts außer Gold mit Ihrem Geld kaufen, gehen Sie ein Risiko ein und lassen sich von jemandem überzeugen, dass es an Wert zunimmt. Das kann funktionieren oder auch nicht – falls Sie es verkaufen müssen, kann es weitaus weniger wert sein als beim Kauf. Die gleiche Regel gilt für andere Investments: Verlassen Sie sich nicht auf das Wort einer Person, ob ein Investment sich rentiert oder nicht; machen Sie sich selbst die Mühe, zu überprüfen, wie sinnvoll ein Ratschlag ist.

Investieren Sie nur in etwas, das Sie verstehen

Sie ersparen sich Reue beim Thema Investieren, indem Sie nur Assets kaufen, die Sie verstehen. Wenn ein Investment sich bietet, das zu komplex für Sie ist, um die Details zu begreifen, dann passt es nicht für Sie. Nicht nur werden Sie sich auf den Rat der Person oder Firma verlassen müssen, die es vorgeschlagen hat, sondern Sie werden auch weniger fähig sein, es angemessen zu managen. Darüber hinaus sind die komplexesten Anlagen auch oft die riskantesten. Wenn Ihre Investmentstrategie verlässlich ist und sich bereits bewährt hat, machen Sie vermutlich etwas richtig. Warren Buffett warnt: »Vorsicht vor einem Investment, wenn es Applaus hervorruft; bei den wirklich einträglichen Schachzügen gähnen die Leute oft.«

Wenn Sie überlegen, worin Sie investieren sollen, schätzen Sie zuerst ein, wie gut Sie sich in dem Sektor und mit dieser Klasse von Assets auskennen. Wer früh in Apple, Google und Microsoft investierte, hat ein Vermögen verdient, aber mit wenig oder keinem Wissen über Technologieaktien hätten Sie leicht Geld in eines der vielen Technologieunternehmen stecken können, die bankrottgingen.

»Kaufen Sie nur, was Sie verstehen«, lautet der wichtigste Investmentrat von Peter Lynch, der einen der größten Anlagenfonds der Welt aufgebaut hat. Er offenbart, dass viele seiner lukrativen Aktienideen ihm in den Sinn kamen, während er einkaufen ging oder sich ungezwungen mit Freunden und Familie unterhielt. Denken Sie im Alltag über die Investmentchancen nach, die Ihnen einfallen. Die Performance des Aktienmarkts spiegelt das Verhalten von Konsumenten wider, deswegen sind Sie als Verbraucher bereits Experte darin, welche Produkte und Unternehmen langfristig gute Aussichten und Wachstumspotenzial haben mögen. Natürlich sollten Sie jede Idee angemessen dahingehend prüfen, welche potenziellen Gewinne möglich sind. Ich habe zum Beispiel vor Jahren in einem Cracker Barrel Restaurant gegessen und war von den Speisen, dem Service und dem Ambiente beeindruckt, also recherchierte ich zu diesem Unternehmen. Informationen über das Wachstum, den Umsatz, die Dividende, den Aktienpreis und den Aktienpreis im Verhältnis zum Gewinn waren leicht verfügbar.

Wenn Sie zu Aktien recherchieren, finden Sie heraus, ob es erlaubt ist, Dividenden zu reinvestieren – und wenn dem so ist, können Sie die Dividenden dem Unternehmen überlassen und damit weitere Aktien kaufen. Viele Unternehmen ermöglichen es, Aktien direkt zu kaufen und damit Maklergebühren zu umgehen. Einige Firmen gestatten Direktkäufe von Aktien, sobald Sie Anteilseigner geworden sind. Andere Unternehmen, wie AT & T, gewähren Ihnen, den ersten Kauf für eine kleine Gebühr zu tätigen und anschließend direkt zu kaufen. Sobald Sie die Faktoren studiert haben, liegt es bei Ihnen, eine fundierte Entscheidung zu treffen.

»Kaufen Sie eine Aktie so, wie Sie ein Haus kaufen würden. Sie sollten die Aktie ausreichend verstehen, und sie muss Ihnen so zusagen, dass Sie sie behalten würden, auch wenn der Markt dagegen spricht.«

WARREN BUFFETT

Im Allgemeinen sind Aktien nur eines Unternehmens ein riskanteres Investment als Investmentfonds oder Indexfonds, die das Risiko reduzieren, weil man mit ihnen Anteile an einem Durchschnitt aus Aktien erwirbt. Investmentfonds sind professionell gemanagte Zusammenstellungen eines breiten Anlagenspektrums, wie Aktien und Anleihen. Da sie professionell verwaltet werden, fallen oft höhere Gebühren an, aber sie bieten den Vorteil, dass ihre Performance und die Diversifizierung sorgfältig überwacht werden. Indexfonds sind aus Aktien und Anleihen zusammengesetzte Portfolios, die einen bestimmten Finanzmarktindex abbilden. Diese Portfolios bilden zum Beispiel größere oder kleinere US-Aktien, internationale Aktien oder Anleihen oder andere Arten von Branchenindizes ab, die mit bestimmten Industrien, Ländern oder Investmentstilen zusammenhängen (zum Beispiel Indizes, die günstigere Aktien bevorzugen). Der beliebteste Indexfonds steht mit dem S&P 500 in Zusammenhang, wie der Vanguard 500 Indexfonds. Indexfonds sind oftmals günstigere Investments als Investmentfonds, weil sie passiv gemanagt werden. Obwohl Indexfonds auf lange Sicht gute Gewinne versprechen, wirken sie sich insofern nachteilig aus, dass man mit ihnen generell nicht die Performance des Marktes übertreffen kann.

Eine Option zwischen Aktien und Investmentfonds sind Exchange-Traded Funds (ETFs), die an einer Börse wie Aktien gehandelt werden, aber die Diversifikation eines Investmentfonds bieten, weil man eine Sammlung an Assets kauft. Investmentfonds legen im Gegensatz zu Aktien und ETFs ihren Preis am Ende des Handelstags fest. Bei ETFs sind die Gebühren häufig geringer als bei Investmentfonds, weil sie im Allgemeinen passiv gemanagt werden. Steuern fallen bei ETFs beim Verkauf anstatt in der Investmentperiode an, wie es auch bei einem Investmentfonds der Fall ist. Das Risiko kann jedoch variieren.

Einlagenzertifikate und Anleihen sind Optionen mit geringerem Risiko, aber ihre Erträge reichen nicht an echte Marktinvestments heran. Ein Einlagenzertifikat ist ein Sparmechanismus, bei dem man Zinseszinsen für eine Einlage erhält, die man eine gewisse Zeit nicht anrührt. Man kann zwischen kurzfristigen und langfristigen Einlagenzertifikaten wählen, und beide Arten werden vermutlich die Erträge eines traditionellen hochverzinsten Sparkontos übersteigen. Wie in einem früheren Kapitel erwähnt, ist die *Staffelung* eine effektive Investmentstrategie bei Einlagenzertifikaten und mildert das Risiko durch variable Zinssätze ab. Eine Staffelung von Einlagenzertifikaten entsteht, indem ein Investor eine Summe in gleiche Teile teilt und jeden Teil in ein Einlagenzertifikat investiert, das ein Jahr später auszahlungsreif wird als das vorherige. Mit einem ursprünglichen Investment von beispielsweise 20 000 Dollar wären Sie in der Lage, 5000 in je ein einjähriges, zweijähriges, dreijähriges und vierjähriges Einlagenzertifikat zu stecken. Wenn ein Einlagenzertifikat auszahlungsreif ist, besteht das Ziel darin, die ursprüngliche Einlage und die Zinsen in ein Einlagenzertifikat einzubringen, das ein Jahr später auszahlungsreif ist als das vorherige.

Eine Anleihe ist wie ein Kredit eines Investors einer kreditnehmenden Partei, die sich das Geld leiht, wie eine Regierung oder ein Unternehmen. Wenn Sie eine Anleihe halten, sind Sie Eigentümer der Schulden von jemandem, der sich bei Ihnen Geld leiht. Anleihen sind mit einem fixen Datum verbunden, an dem das Investment plus Zinsen ausgezahlt wird, was je nach Ausrichtung fix oder variabel ausfallen kann. Anleihen können am Markt gehandelt auch zu Wertpapieren werden, also ist es nicht ungewöhnlich, Anleihen in der gleichen Asset-Gruppe wie Investmentfonds, Indexfonds und ETFs zu sehen. Aber es besteht das Risiko, dass die Organisation, die sich das Geld geliehen hat, die Anleihe nicht bedienen kann, in welchem Fall man nur die originale Einlage zurückerhält. Preise für Anleihen schwanken auch basierend auf Zinsraten und liefern auf lange Sicht niedrigere Erträge als Aktienprodukte.

Viele Menschen investieren in Währungen, denn sie mögen den materiellen Aspekt, aber diese Logik greift nicht mehr so gut bei digitalen Währungen oder *Kryptowährungen*. Ihr Wert ist nicht so stabil, wie gerne angenommen wird. Die Währung ist nur das wert, was ein anderer dafür zu zahlen bereit ist, und das variiert enorm je nach wirtschaftlichem Klima. Anders als Aktien generieren Währungen keine Dividenden, und man erhält auch keine Zinsen wie bei Sparprodukten. Der Wert hängt alleine vom Handelsgegenstand ab und nicht vom Potenzial, damit etwas zu produzieren (wie eine Aktie, die auf das künftige Wachstum und die Innovation eines Unternehmens baut).

»Je komplexer ein Investment ist, desto unwahrscheinlicher ist sein Profit.«

J. L. COLLINS

Für Anleger mit einer potenziell verfügbaren großen Summe sind Immobilien ein beliebtes Investmentvehikel, denn sie können in kürzerer Zeit höhere Erträge generieren als ein Investment auf dem Markt. Immobilieninvestitionen erfordern, Land und/oder Häuser/Wohnungen zu kaufen, zu erhalten, zu verkaufen und/oder zu vermieten, um Profit zu machen. Sofern es nicht zu einem Crash am Immobilienmarkt kommt, steigt der Wert hier meistens

(und die Märkte haben sich historisch auch von Crashs wieder erholt). Wenn Sie also eine Immobilie lang genug halten, steigen Ihre Chancen auf einen Profit. Wenn Sie außerdem Mietimmobilien kaufen, erhalten Sie durch die Mieteinnahmen ein regelmäßiges Einkommen, das Ihnen erlaubt, zusätzliche Immobilien zu erwerben und Ihre Profite zu steigern.

Studieren Sie den Markt. Lesen Sie oder hören Sie sich den Rat anderer an, aber mittels dieser Informationen liegt es bei Ihnen, das Risiko angesichts Ihres Investmentziels festzulegen. Es folgt ein einfacher Leitfaden für einige Anlagearten:

Investmenttyp	**Definition**	**Pro**	**Kontra**
Einfache Aktie	Ein Aktienanteil einer einzelnen Firma	• Potenzial für hohe Erträge in kurzer Zeit • Kann bei den meisten Brokern kostenlos gehandelt werden, und die Managementgebühren sinken, wenn man direkt vom Unternehmen kaufen kann. • Klares Investment • Kontrolle über Gewinne und Verluste (und damit auch die Steuern), denn der Investor bestimmt, wann der Verkauf stattfindet	• Kein garantierter Ertrag • Verlustrisiko, wenn man eine »Siegeraktie« aussuchen muss • Das Portfolio zu managen, kann zeitintensiv sein. • Man gerät in Versuchung, emotional zu handeln.

Investment-typ	**Definition**	**Pro**	**Kontra**
Investment-fonds	Eine aktiv gemanagte Zusammen-stellung von Assets (Aktien und Anleihen)	• Potenzial für hohe Erträge über eine lange Zeit • Fonds werden von Investmentprofis aktiv gemanagt.	• Keine garantier-ten Gewinne • Typischerweise höhere Gebühren als bei Indexfonds und ETFs • Der Fonds bestimmt die Gewinne und Verluste.
Indexfonds	Ein passiv gemanagter Index ver-schiedener Assets (Aktien und Anlei-hen), der die Perfor-mance eines bestimm-ten Sektors abbildet.	• Potenzial für hohe Erträge über einen langen Zeitraum • Kann gerin-gere Manage-mentgebühren haben als ein Investmentfonds.	• Keine garantier-ten Gewinne • Kann im Allge-meinen nicht das Wachstum des Marktes übertreffen. • Der Fonds bestimmt die Gewinne und Verluste.
Exchan-ge-Traded Fund (ETF)	Ein passiv gemanagter Warenkorb an Assets (Aktien und Anlei-hen), der wie Aktien gehan-delt wird.	• Potenzial für langfristige hohe Erträge • Kann leichter zu handeln sein als Investmentfonds und Indexfonds. • Hat typischer-weise niedrigere Management-gebühren als Investmentfonds.	• Keine garantier-ten Gewinne • Potenziell ris-kanter als Invest-mentfonds und Indexfonds • Der Fonds bestimmt die Gewinne und Verluste. • Es kann höhere Maklergebühren geben.

Investmenttyp	**Definition**	**Pro**	**Kontra**
Geldmarktfonds (unterscheidet sich von einem Geldmarktkonto)	Eine Art Investmentfonds, der in kurzfristige Vehikel investiert, wie Geldmarktpapiere, liquide Wertpapiere und schuldenbasierte Wertpapiere mit kurzen Reifefristen	• Mehr Liquidität • Weniger Risiko	• Kann geringere Gewinne bringen als Aktien, Indexfonds und Investmentfonds.
Einlagenzertifikat	Ein Sparprodukt, das einen Geldbetrag für einen festgelegten Zeitraum hält, wofür man im Ausgleich von der herausgebenden Bank Zinsen auf den gestiegenen Wert erhält	• Geringes Risiko: Staatlich bis 250 000 Dollar abgesichert • Fixe Erträge • Zinseszinsen • Kurzfristige und langfristige Optionen (kann gestaffelt werden, um Gewinne zu maximieren)	• Wenn man zu früh abhebt, können Strafzahlungen fällig werden, sofern die Frist des Einlagenzertifikats noch nicht abgelaufen ist. • Übersteigt nicht unbedingt die Inflation. • Geringere Erträge als Marktinvestments

Investment-typ	**Definition**	**Pro**	**Kontra**
Anleihe	Ein Kredit, den ein Investor einem Kreditnehmer gibt (wie einer Regierung oder einem Unternehmen)	• Preise schwanken weniger dramatisch als bei Aktien. • Tendiert zu geringem Risiko: Man erhält garantiert die Einlage plus Zinsen, außer der Kreditnehmer kann den Kredit nicht bedienen. • Normalerweise höhere Zinsen als ein hochverzinstes Sparkonto	• Die Preise von Anleihen fallen, wenn die Zinsen steigen, was vor allem langfristige Anleihen beeinträchtigt. • Es besteht das Risiko, dass der Kreditnehmer den Kredit nicht bedienen kann. • Kann niedrigere Erträge bringen als Marktinvestments.
Währung	Der Kauf von Währung, basierend auf Münzgeld, Papierwährung oder digitaler Währung	• Hat typischerweise hohe Liquidität.	• Neigt während volatiler Wirtschaftslage zu hohem Risiko. • Bringt keine Zinsen oder Dividenden.
Immobilien	Kauf, Erhalt, möglicherweise Vermietung und potenziell Verkauf von Immobilien (Häuser/Wohnungen und/oder Grundstücke)	• Bei vermieteten Immobilien regelmäßiges Einkommen durch Mieter • Profitchance durch steigenden Wert von Wohnimmobilien oder Grundstücken	• Kann riskant sein, wenn Investoren sich eine Hebelwirkung verschaffen, indem sie Schulden machen, um Immobilien zu kaufen. • Kosten für Wartung und Erhalt müssen berücksichtigt werden.

Diversifizieren Sie Ihre Investments

Ein diversifiziertes Asset-Portfolio ist aus zwei Gründen die sicherste Art, langfristig Wohlstand aufzubauen – sicher sowohl in puncto Erträgen als auch beim Risiko. Warren Buffett rät: »Setzen Sie nicht alles auf eine Karte.« Wenn Sie nicht ausschließlich in Investmentfonds, Indexfonds und ETFs investieren und stattdessen Ihr gesamtes Kapital in einem Investmentvehikel anlegen (sagen wir eine einzelne Aktie oder Anleihe), dann hängt Ihr Erfolg einzig von seiner Performance ab. Wenn Sie Ihren Ansatz ausbalancieren, indem Sie in verschiedene Assetklassen investieren, senken Sie Ihr Gesamtrisiko, denn während einige an Wert verlieren, steigt der Wert von anderen.

»Teile aus unter sieben und unter acht; denn du weißt nicht, was für Unglück auf Erden kommen wird.«

PREDIGER 11,2[2]

Die obigen Worte von König Salomon sind vielleicht der beste Investmentratschlag in der Geschichte. Tatsächlich war König Salomon finanziell überaus erfolgreich. Der Königin von Saba zufolge blühte alles, was Salomons Hände berührten, auf. König Salomons Ratschlag ist solide: Sein Geld aufzuteilen, ist wichtig. Es eliminiert das Risiko zwar nicht, aber mindert es.

2 Lutherbibel 2017

Am anderen Ende des Spektrums angesiedelt ist Mark Twain, der gesagt haben soll: »Lege alle deine Eier in einen Korb und beobachte dann den Korb.« Auch wenn Twain eine Menge Geld verdiente, verlor er 300 000 Dollar durch ein Investment in eine neue Druckerpresse, inklusive des geerbten Geldes seiner Frau. Twain übertrug die Rechte an seinen Büchern an seine Frau, bevor er Bankrott anmeldete. Er erholte sich finanziell letztlich wieder, indem er Vorträge hielt und dem finanziellen Rat eines Freundes folgte, aber seine Nöte weisen darauf hin, wie wichtig es ist, seine Investments zu diversifizieren.

Die fünf Assetklassen, die Finanzexperten für ein ausgewogenes Portfolio empfehlen, beinhalten folgende:

1. US-Aktien von Unternehmen verschiedener Größe (Small-Caps, Mid-Caps, Large-Caps)
2. US-Staatspapiere mit festgelegten Erträgen (Anleihen, Einlagenzertifikate und Geldmarktfonds)
3. Ausländische Aktien von Unternehmen in Industrieländern und Schwellenländern
4. Ausländische Staatspapiere mit festgelegten Erträgen (internationale Anleihen)
5. Alternative Investments (zum Beispiel Immobilien, Währungen, Sammelgegenstände)

Bauen Sie ein robustes Portfolio auf, indem Sie Ihre Investments über diese fünf Assetklassen diversifizieren.

Reinvestieren Sie Dividenden

Um Investments zur Vermögensbildung auszuschöpfen, ist es wichtig, das verdiente Kapital erneut anzulegen und nicht auszugeben. Arkad, der reichste Mann in Babylon aus Clasons berühmter Parabel, erhält diesen entscheidenden Rat von seinem Mentor Algamish. Als Arkad zu investieren beginnt, fragt ihn sein Besucher Algamish, was er mit den Zinsen anstelle, die seine Investments einbrächten. Arkad erzählt Algamish, er habe sich mit seinen Erträgen gutes Essen und feine Kleidung gekauft. Als Aglamish das hört, ruft er aus: »Du isst die Kinder deiner Ersparnisse? Wie sollen sie dann für dich arbeiten? Und wie kommen sie zu Kindern, die ebenfalls für dich arbeiten?« Die Lektion ist klar: Wenn man die eingenommenen Zinsen, Kapitalerträge oder Dividenden ausgibt, begrenzt man die Chance, die eigenen Investments zu vermehren.

Anlagen in Form von Krediten oder Einlagen erlauben Ihnen, Ihr Geld schneller zu vermehren, indem Sie den Zinseszinseffekt nutzen. Bei solchen Investments erhalten Sie nicht nur Zinsen aus der originalen Einlage, sondern auch auf die Zinsen aus dem vorherigen Einnahmezeitraum. Kredite, hochverzinste Sparkonten und Einlagenzertifikate sind Investmentvehikel, die Wohlstand durch Zinseszinsen generieren. Bei diesen Investments ist es wichtig, die festgelegte Zinsrate zu verstehen; den Effektivertrag. Das ist der Betrag, den Sie in einem Jahr aufgrund von Zinsen verdienen; und Sie sollten wissen, wie häufig diese Erträge sich addieren, das heißt, wie oft die Zinsen zur originalen Einlage hinzugerechnet werden (zum Beispiel jährlich, vierteljährlich, monatlich).

Ein ähnliches Prinzip trifft auf Aktien zu, sofern Sie sich entscheiden, Ihre Kapitalerträge oder Dividenden zu reinvestieren, indem Sie weitere Aktien damit kaufen. Wenn Sie Ihre Markterträge auf Ihr ursprüngliches Investment aufschlagen, werden der Wert Ihres Investments und die Erträge sich mit der Zeit aufaddieren, ähnlich wie beim Zinseszinseffekt. Auch wenn die Ertragsrate auf dem Markt variiert, können Sie auf lange Sicht bei einem diversifizierten, auf Wachstum angelegten Portfolio im Jahr etwa zwischen 6 bis 7 Prozent erhalten. Über die letzten 100 Jahre hinweg lag der durchschnittliche Ertrag an der Börse bei 10 Prozent, aber Investoren sollten die inflationsbedingten 2 bis 3 Prozent Verlust an Kaufkraft bedenken. Um von diesem durchschnittlichen Ertrag zu profitieren, empfiehlt es sich, Ihre Investments langfristig zu halten.

Halten Sie den Kurs

Egal, in was Sie investieren: Wenn Sie Assets über einen bestimmten Zeitraum kaufen, werden Sie Ihr Risiko minimieren. Lassen Sie sich durch die Fluktuationen auf dem Aktienmarkt nicht vom Investieren abhalten und sich so den Nutzen von Aktien entgehen. Seit der Weltwirtschaftskrise, die 1929 begann und im Grunde zehn Jahre dauerte, ereigneten sich mindestens zehn wirtschaftliche Einbrüche in den Vereinigten Staaten. Jedes Mal hat sich die Wirtschaft wieder erholt. Investieren ist immer riskant, aber es ist riskanter, nicht zu investieren und zu hoffen, Ihre Kaufkraft bliebe dieselbe. Die Geschichte zeigt, wie Inflation sich immer auf die Kaufkraft auswirkt, und ohne zu investieren, ist es unmöglich, die Inflation zu schlagen.

Vor allem gilt es, zu bedenken, dass Ihr heutiges Risiko aus verschiedenen Gründen geringer ist als das der Anleger im Jahr

1929. Damals zog die Regierung Geld aus der Wirtschaft ab, was die schlechte Lage noch verschlimmerte. Die Regierung lernte aus dieser Erfahrung, und heute ist sie in der Lage, Geld in den Markt zu pumpen, die Zinsen zu senken und damit die Ökonomie wieder anzukurbeln, falls sie sich merklich abkühlt. Während der Weltwirtschaftskrise waren die Einlagen in den Banken nicht versichert, daher stammt der Begriff des »Bank Run«. Sobald ein Gerücht aufkam, dass eine Bank in Schwierigkeiten steckte, wollten alle Kunden Ihr Geld zur selben Zeit abheben. Wenn das passierte und der Bank ging das Geld aus, hatten die Kunden Pech.

Banken besitzen nicht das gesamte Kapitel, das ihre Kunden einzahlen. Wenn eine kleine Bank über 100 Millionen Dollar auf Konten verfügt, stecken davon etwa 90 Millionen in Krediten und Investments. Das war stets die wichtigste Einnahmequelle für Banken. Die Kreditzinsen und Investments müssen die Zinsen übersteigen, welche die Bank für die Konten zahlt. Die Differenz ist die »Marge«, die es der Bank ermöglicht, die Betriebsausgaben und Dividenden der Aktieneigner zu bezahlen. Falls Kunden 20 Millionen Dollar auf einmal abheben würden, entstünde ein großes Problem, denn die Marge wäre ungenügend. In normalen Zeiten zahlen genug Leute Geld ein, während andere etwas abheben, also gleicht es sich aus. Aber während der Weltwirtschaftskrise hob jeder Geld ab und keiner zahlte etwas ein. Heute dürfen sich Bankkunden damit trösten, dass ihr Kapital von der Bundesregierung versichert ist (bis zu 250 000 Dollar pro Kunde, bei einer Bank, die über die FDIC versichert ist, pro Kontokategorie), und daher besteht bei einem wirtschaftlichen Abschwung kein Grund zur Panik.

Natürlich sind Aktieninvestments, ETFs, Investmentfonds, Indexfonds und ungesicherte Anleihen nicht durch die Bundesregierung abgesichert. Bei diesen Käufen kann man Geld verlieren, aber sofern Sie eine diversifizierte, langfristige Investmentstrategie verfolgen, spricht die Geschichte des Aktienmarkts dafür, dass Ihre Gewinne letztlich immer Ihre Verluste übersteigen werden. Wie wir bereits in diesem Kapitel besprochen haben, ist es eine gute Idee, Risiko zu minimieren, indem man Investmentfonds und Indexfonds gegenüber einzelnen Aktien vorzieht, außer man ist ein erfahrener Investor.

Bei einem wirtschaftlichen Abschwung – den wird es zu Ihren Lebzeiten sicher einmal geben –, ist es essenziell, nicht in Panik zu verfallen und alles Geld aus dem Markt abzuziehen. Zum Investieren gehört, dass man die Tiefs aushält und bei den Hochs nicht zu euphorisch reagiert. Der beste Ansatz besteht in den meisten Fällen darin, denselben Betrag in regelmäßigen Abständen zu investieren, unabhängig vom Geschehen auf dem Aktienmarkt. Dieser sogenannte *Durchschnittskosteneffekt* ist relevanter für langfristige Investments wie Investmentfonds und Aktien. Wenn man automatisch Geld vom eigenen Gehalt abzieht und für die Rente spart, ist das eine Art von Durchschnittskosteneffekt, denn der gleiche Betrag wird in jedem Gehaltszeitraum angelegt. Man kann es einmal so bestimmen und dann vergessen, entweder indem man die Käufe automatisiert oder sich darauf festlegt, jeden Monat oder jedes Vierteljahr einen bestimmten Betrag für Investments aufzubringen. Indem man seine Investments langfristig tätigt, statt eine große Summe auf einmal auf dem Markt zu platzieren, vermeidet man das Risiko, zum Höchstpreis zu kaufen und dann leidend zuzusehen, wie der Preis fällt. Natürlich wird der Preis irgendwann wieder steigen, aber wenn man eher risikoscheu ist, kann einen so etwas stark beunruhigen.

»Der Aktienmarkt ist dazu gedacht, Geld von den Aktiven zu den Geduldigen zu transferieren.«

WARREN BUFFETT

Wenn Sie die dramatischen Marktturbulenzen ignorieren, sind Sie imstande, von den Erfolgen zu profitieren, die beständigen Anlegern zuteilwerden. Darüber hinaus ist es ineffizient, auf einen Tiefstand zu warten, um Aktien zu kaufen. Man kann nach dem *Durchschnittswert* investieren, was bedeutet, mehr anzulegen, wenn die Aktienpreise sinken, als wenn sie hoch sind. Aber diese Methode ist kontrovers, denn falls man immer nur abwartet, verpasst man potenziell Gewinne durch einen steten Preisanstieg. Es ist unmöglich, das Timing am Markt vorherzusagen – selbst die erfolgreichsten Investoren haben nicht immer recht –, also lautet eine bessere langfristige Investmentstrategie, in regelmäßigen Abständen einen bestimmten Betrag anzulegen.

Lassen Sie sich außerdem nicht dazu verleiten, Ihr Investment zu liquidieren, weil Sie das Geld früher benötigen. Als ich in einer kleinen lokal geführten Bank arbeitete, lagen die Zinsen auf Einlagen bei etwa 8 Prozent. Aber ich habe es erlebt, dass viele Kunden Kapital aus ihren Einlagenzertifikaten abzogen und den fälligen Strafzins zahlten, weil sie vor Ablauf eines halben Jahres verkauften, nur um das Geld für etwas anderes zu nutzen. Wenn Anleger ihr Investment nicht reifen lassen, verhindern sie, dass ihr Geld für sie arbeitet und Wohlstand produziert. Falls Sie nur eine kleine Summe investiert haben, ist das Potenzial für Erträge und langfristiges Wachstum ebenfalls minimiert. Zu guter Letzt wird häufiges Kaufen und Verkaufen bedingen, dass Sie aufgrund von Handelsgebühren und Steuern Geld verlieren.

Es ist fast unmöglich, ohne Investitionen zum Millionär zu werden. Das sollte man wiederholen: Falls Sie glauben, risikolos zu handeln, indem Sie sparen, statt zu investieren, gehen Sie das größte Risiko von allen ein, potenziell auf künftige Erträge zu verzichten. Informieren Sie sich, und erstellen Sie eine Investmentstrategie, mittels der Sie Ihren konkreten wichtigsten Lebenszweck erfüllen.

TIPPS, UM WOHLHABENDER ZU WERDEN

- ➢ Ihr Geld zu sparen, statt zu investieren, ist riskanter, als zu investieren, denn die Kaufkraft Ihrer Ersparnisse wird mit der Zeit durch die Inflation schrumpfen.
- ➢ Die folgende Philosophie des Investierens bietet ein solides Fundament für Ihre finanziellen Pläne:
  - Kennen Sie Ihr »Warum«
  - Akzeptieren Sie klugen Rat, aber keine Meinungen.
  - Investieren Sie in etwas, das Sie verstehen.
  - Diversifizieren Sie Ihre Investments.
  - Reinvestieren Sie Dividenden.
  - Halten Sie den Kurs.
- ➢ Investments sind kein kurzfristiges Mittel, um schnell Wohlstand aufzubauen; mit der Zeit werden sie entweder Geld abwerfen oder an Wert zulegen.

- Sowohl professionelle Berater als auch wohlmeinende Freunde und Kollegen werden Meinungen über gute Investments äußern. Wägen Sie jeden finanziellen Rat gegen die Ergebnisse Ihrer Recherchen ab, um den besten Handlungsplan festzulegen.
- Wenn eine Investmentstrategie für Sie zu komplex ist, um die Details zu verstehen, ist es keine gute Anlage für Sie.
- Wenn Sie über Anlagemöglichkeiten nachdenken, lassen Sie sich von Ihnen vertrauten Produkten und Unternehmen inspirieren, und stützen Sie Expertenrat durch angemessene eigene Nachforschungen.
- Beliebte Investments am Markt sind einzelne Aktien, Investmentfonds, Indexfonds und Exchange-Traded Funds (ETFs). Einzelne Aktien sind ein riskanteres Investment als Investmentfonds, Indexfonds und ETFs, die eine breitere Palette an Aktien und Anleihen zusammenfassen.
- Investments mit geringerem Risiko und geringerem Ertrag sind Einlagenzertifikate, Anleihen und Geldmarktfonds. Ein Einlagenzertifikat ist ein Sparmechanismus, durch den Sie Zinseszinsen auf eine Einlage verdienen, die Sie für einen festgelegten Zeitraum bei der Bank belassen. Eine Anleihe ist wie ein Kredit, der ein Investor einem Kreditnehmer wie einer Regierung oder einem Unternehmen gibt: Wenn sie auszahlungsreif ist, erhält der Investor seine Einlage plus Zinsen. Ein Geldmarktfonds mindert einen Teil des Risikos eines traditionellen Investmentfonds, indem man in relativ sichere Assets investiert, die in kurzer Zeit einen Ertrag auszahlen.

- Währung ist ein riskantes Investment und sollte, wenn überhaupt, nur einen kleinen Teil des Investmentportfolios ausmachen, denn der Wert variiert stark aufgrund des wirtschaftlichen Klimas, und man erhält keine Dividenden oder Zinsen.
- Ein weiteres beliebtes Investmentvehikel sind Immobilien, die potenziell in kürzerer Zeit höhere Erträge bringen als Marktinvestitionen. Aber man braucht eine hohe Summe zu Beginn, um ohne Schulden zu investieren.
- Setzen Sie nicht alles auf eine Karte. Ein diversifiziertes Asset-Portfolio ist der sicherste Weg in puncto Risiko und Ertrag, um langfristigen Wohlstand zu bilden, und sollte eine gesunde Mischung aus Folgendem enthalten:

    - US-Aktien von unterschiedlich großen Unternehmen (Small-Cap, Mid-Cap, Large-Cap)
    - US-Wertpapiere mit festgelegtem Ertrag (Anleihen, Einlagenzertifikate und Geldmarktfonds)
    - Ausländische Aktien von Unternehmen in Industrie- und Schwellenländern
    - Ausländische Wertpapiere mit fixen Erträgen (internationale Anleihen)
    - Alternative Investments (zum Beispiel Immobilien, Währungen, Sammelgegenstände)

- Um beim Vermögensaufbau jeden Investmentvorteil zu nutzen, sollten Sie das verdiente Geld reinvestieren (ob durch Zinsen, Kapitalerträge oder Dividenden), statt es auszugeben.
- Lassen Sie sich von Marktfluktuationen nicht vom Investieren abhalten oder sich dazu verleiten, Ihr Kapital aus

dem Markt zu ziehen, bevor es sich ausreichend vermehren konnte. Nur indem Sie langfristig auf dem Markt bleiben, werden Sie über lange Zeitspannen vom Marktwachstum profitieren.

- Einer der besten Ansätze, zu investieren, ist der sogenannte Durchschnittskosteneffekt, wobei man regelmäßig den gleichen Geldbetrag investiert, unabhängig vom Aktienmarkt. Indem Sie Ihr Investment über einen längeren Zeitraum ausdehnen, vermeiden Sie das Risiko, zum Höchstpreis zu kaufen und dann leidend zuzusehen, wie der Preis fällt.

Ihr Millionär-Masterplan

- Was ist Ihr »Warum« – Ihr Grund, zu investieren? Welches Ziel wird Sie motivieren, um bei Investments konsistent und langfristig am Ball zu bleiben? (Denken Sie daran, es sollte ein relativ langfristiges Ziel sein, wie eine Anzahlung für ein Haus, Geld für den Hochschulbesuch Ihrer Kinder oder Wohlstand fürs Alter.)

____

____

____

____

____

- Rechnen Sie aus, wie viel Kapital Sie für den Ruhestand brauchen. Das Ziel ist, genug Geld gespart zu haben, um von den Zinsen zu leben, und die ursprüngliche Investitionssumme nicht anzurühren, was bedeutet, während des Ruhestandes ungefähr 4 Prozent des Investments zu erhalten. Im Allgemeinen sollte man für den Ruhestand ein jährliches Einkommen einplanen, das 80 Prozent des letzten Gehalts beträgt, bevor man in Rente geht. Um herauszufinden, wie viel Sie sparen müssen, um 4 Prozent zu erhalten und 80 Prozent des Einkommens zu erhalten, teilen Sie Ihr Einkommen nach Eintritt des Ruhestands durch 0,04. Wenn Ihr Einkommen vor der Rente bei 80 000 Dollar im Jahr lag, sollten Sie auf jährlich 64 000 Dollar abzielen, sodass Sie 1,6 Millionen für die Rente sparen sollten. Die Rechnung sieht folgendermaßen aus: (80 000 × 0,8) ÷ 0,04 = 1 600 000.

____

____

____

____

____

- Recherchieren Sie zu verschiedenen Investmentvehikeln, und notieren Sie sich Details, wie die erforderliche Einstiegssumme, die Managementgebühren, die erwarteten jährlichen Erträge und die Performance im Zeitverlauf. Erstellen Sie basierend auf den Ergebnissen einen Plan, in mindestens ein Asset pro Jahr zu investieren (nachdem Sie Ihren Notfallfonds aufgebaut haben).

➢ Erstellen Sie einen Plan, entweder mit oder ohne Hilfe eines Finanzberaters, um ein diversifiziertes Portfolio aufzubauen. Welche Arten von Assets sollen dazugehören?

KAPITEL 9

DIENST AM ANDEREN: DER GOLDENE SCHLÜSSEL, UM WOHLSTAND ZU BILDEN

Der Mensch lebt nicht vom Brot allein. Geld zu verdienen, materielle Macht anzuhäufen, ist nicht alles im Leben. Das Leben ist mehr als das, und wer diese Wahrheit übersieht, verpasst die größte Freude und Befriedigung, die man in diesem Leben erfahren kann – den Dienst am anderen.

Edward Bok, *Wie Edward Bok Amerikaner wurde*

Unser Leben durchläuft folgende Stadien: Zuerst kommt das Lernen, dann das Verdienen und dann das Teilen. Das dritte Stadium sollte das beste in Ihrem Leben sein – es ist die Phase, in der Sie Ihr Vermächtnis aufbauen. Allerdings sollten Sie nicht warten, bis Sie Ihre finanziellen Ziele erreicht haben, bevor Sie Ihr Vermächtnis aufbauen. Etwas für andere zu tun, sollte über Ihre ganze Erfolgsreise hinweg ein Kernbestandteil Ihres Millionär-Masterplans sein.

In *A View from the Top* erläutert Zig Ziglar, dass das Geheimnis nicht nur des Erfolgs, sondern auch einer *bedeutenden Leistung*, darin liegt, seine Gaben und sein Potenzial zu steigern, indem man anderen hilft, ihre Ziele zu erreichen und ihr Leben zu verbessern. Er schreibt: »Bedeutung beinhaltet eine spirituelle Dimension, und zu dieser spirituellen Dimension gehört stets, sich um eine andere Person zu sorgen und zu kümmern.« Während die Menschen in unserer Gesellschaft dazu neigen, sich nur um sich selbst zu sorgen – und als Einzelne, oft auf Kosten anderer, voranzukommen –, besteht der einzige Weg zu wahrem Glück und Seelenfrieden darin, nach der Goldenen Regel zu leben: andere so zu behandeln, wie man selbst behandelt werden will. Finden Sie Freude und Lebenszweck darin, anderen zu helfen, und Sie werden Ihr ganzes Leben die Früchte des Erfolgs genießen, auch wenn Sie immer noch nach Ihrer persönlichen ultimativen Erfolgsvorstellung streben.

»Wie wunderbar es ist, dass niemand auch nur einen einzigen Moment warten muss, um die Welt zu verbessern.«

ANNE FRANK

Das Herz Ihres konkreten wichtigsten Lebenszwecks

Die sicherste Methode, um arm zu bleiben, besteht darin, vom Reichtum besessen zu sein. Auch wenn die Vermögensbildung zu Ihrem konkreten wichtigsten Lebenszweck gehören mag, sollte sie kein Selbstzweck sein. Die reichsten und erfolgreichsten Menschen konzentrieren sich nicht allein auf den Profit, sondern auf den Wert, den sie generieren. Wie Jim Stovall als Co-Autor des Buchs *The Gift of Giving* anmerkt: »Die Chance, anderen zu dienen, und die Chance, erfolgreich zu sein, sind ein und dasselbe, wenn man es im rechten Licht betrachtet. Wenn Sie sich darauf konzentrieren, etwas von sich selbst zu geben, so wie es Ihnen möglich ist – im Großen und im Kleinen –, werden Sie feststellen, dass der wahre Reichtum in Ihrem Inneren liegt. Und wenn Sie Ihre Gaben mit genug Durchsetzungskraft, Hingabe und Ausdauer mit anderen teilen, ist es unwahrscheinlich, dass der materielle Erfolg lange auf sich warten lässt.«

»Der einzige Sinn des Lebens ist, der Menschheit zu dienen.«

LEO TOLSTOI

Es war mein Lebenszweck, anderen zu helfen, ihre Lage durch Bildung zu verbessern. Mich auf den Dienst am Nächsten auszurichten, hat mein Leben bereichert und meine beruflichen und finanziellen Erfolge ermöglicht. Tatsächlich war ich ein erfolgreicher

Banker, weil ich vom Dienst am anderen ausging. Als Präsident einer Gemeindebank oblag es mir, bei Kunden nachzuhaken, die ihre Hypotheken nicht bedienen konnten. Die meisten Manager in dieser Position verfolgen einen harten Ansatz und drohen mit Enteignung von Haus und Besitz, wenn Kunden die Kreditraten nicht zahlen können. Aber ich machte es anders: Ich sah es als meine Aufgabe, ihnen bei der Lösung ihres Problems zu helfen, während ich ebenso danach strebte, das Problem der Bank zu lösen. Das Ziel der Bank war, dass die Kunden ihre Kredite zurückzahlten, und die Kunden wollten die Enteignung vermeiden. Mir war klar, dass ich beide Seiten befriedigen konnte, wenn diejenigen, die die Kredite nicht bedienten, genug Geld zusammenkratzen konnten, um wenigstens einen Teil der Hypothek zu zahlen. Etwas Geld war besser als gar kein Geld, denn es verhinderte, dass die Menschen ihre Häuser verloren, und es verhinderte, dass die Bank einen Großteil ihres Geldes bei einer Zwangsversteigerung verlor. Während meiner gesamten Berufstätigkeit im Bankenwesen war ich nie gezwungen, ein Haus zu enteignen. Darüber hinaus verkaufte ich jedes der 35 Häuser, die enteignet worden waren, bevor ich bei der Bank anfing – viele davon an die ursprünglichen Besitzer. Indem ich mich darauf konzentrierte, mich für andere nützlich zu machen, statt nur ein reicher Banker zu sein, unterstützte ich sowohl die Bank als auch die Gemeinde dabei, zu wachsen. Darüber hinaus zog ich meinen eigenen Wohlstand quasi an.

Diese Tradition behielt ich in meiner Rolle als leitender Direktor und CEO der Napoleon Hill Foundation bei, einer Organisation, die Hills Erfolgsprinzipien weiterverfolgt, damit Menschen ihr Leben verbessern und auch die Gemeinschaft profitiert. Die

Arbeit dieser Organisation ist von Erfolg gekrönt, wenn wir Menschen ermöglichen, sich durch Information und Aktion weiterzuentwickeln. Durch unsere vielen Bildungsprodukte, Stipendien, Programme, die sich an ein breites Publikum richten, und die Vergabe von Lizenzen befähigen wir Menschen in der Wise-Community, im Land und auf der ganzen Welt, ein Vermächtnis aufzubauen und es zu leben. Wir vermitteln dem Einzelnen, dass man nicht privilegiert geboren worden sein muss, um im Leben Erfolg zu haben; es gilt, einfach die Macht der eigenen Gedanken zu nutzen und sie durch zweckgerichtetes Handeln auf ein Ziel auszurichten, gemeinsam mit Mitstreitern, um ein brennendes Verlangen zu realisieren. Der letzte Punkt ist wichtig: Die Kooperation anderer lässt sich einfacher erreichen, wenn man ihr Leben bereichert. Wenn man sich für andere nützlich macht, werden sie einen eher bei den eigenen Zielen unterstützen.

Um Ihr Verlangen stets im Geiste des Dienstes am Nächsten zu verankern, empfiehlt Hill das folgende Glaubensbekenntnis. Nutzen Sie diesen Leitfaden, und richten Sie Ihren Umgang mit anderen und Ihre berufliche Tätigkeit daran aus.

Napoleon Hills ethischer Code

Ich will meinen Mitmenschen auf meiner Lebensreise helfen. Dazu orientiere ich mich an diesem Glaubensbekenntnis als einem Leitfaden, der mich im Umgang mit meinen Mitmenschen anleitet:

Ich gewöhne mir an, nie und unter keinen Umständen die Fehler eines anderen zu betonen, egal wie unterschiedlich wir denken und wie gering seine Arbeit sein mag, solange ich weiß, dass er sein Bestes gibt.

Ich werde mein Land, meinen Berufsstand und mich selbst respektieren. Ich will ehrlich und fair zu allen Mitmenschen sein, so, wie ich erwarte, dass diese ehrlich und fair zu mir sind. Ich will ein loyaler Bürger meines Landes sein, positiv darüber sprechen und stets als würdiger Vertreter seines guten Namens erscheinen. Ich will jemand sein, dessen Name überall etwas gilt.

Ich erwarte eine Entlohnung auf der soliden Basis, dass ich etwas geleistet habe. Ich bin bereit, den Preis des Erfolgs durch ehrliche Mühen zu zahlen. Ich will meine Arbeit als eine Chance sehen, die ich gerne ergreife und aus der ich das Beste mache, und nicht als eine schmerzhafte Quälerei, die ich widerwillig aushalte.

Ich werde stets daran denken, dass der Erfolg in mir selbst liegt – in meinem Verstand. Ich rechne mit Schwierigkeiten und setze alles daran, sie zu überwinden.

Ich werde jede Prokrastination vermeiden und nie und unter keinen Umständen etwas auf morgen verschieben, zu dem ich mich heute verpflichtet habe.

Zu guter Letzt will ich mir meine Lebensfreude bewahren, um freundlich zu allen Menschen sowie treu zu Freunden und Gott zu sein.

Grosszügigkeit ist das Geheimnis des Wohlstands-Mindsets

Wir können finanziell erfolgreich sein, wenn wir uns ein Wohlstands-Mindset angewöhnen. Das schaffen wir, indem wir anderen gegenüber freigebig sind. Es ist unmöglich, nicht optimistisch zu sein, wenn man anderen hilft. Das muss nicht finanzieller Natur sein. Wir können auch unsere Zeit und/oder unsere Kompetenz mit anderen teilen. John D. Rockefeller lag richtig, als er sagte: »Zu geben ist das Geheimnis eines gesunden Lebens. Nicht notwendigerweise Geld, sondern was immer ein Mensch an Ermutigung, Sympathie und Verständnis geben kann.« Natürlich ist es ein großer Segen, seinen Reichtum mit anderen teilen zu können, aber es ist ein noch größerer Segen, sich selbst mit anderen zu teilen.

»Es trifft unumstößlich zu, dass der eigene Erfolg sich am besten und schnellsten einstellt, wenn man anderen hilft, erfolgreich zu sein.«

NAPOLEON HILL

Wenn Sie großzügig handeln, überwinden Sie Ängste, die Sie davon abhalten, Ihre Ziele zu erreichen und das Leben zu genießen. Großzügigkeit inspiriert uns dazu, das Beste in anderen und in uns selbst zu sehen, und schenkt uns das erforderliche Vertrauen und den nötigen Glauben an andere, um unsere Träume umzusetzen. Es ist unmöglich, gleichzeitig angstgetrieben und im Glauben zu handeln. Zudem ist Optimismus, das Nebenprodukt der Großzügigkeit, das Geheimnis, um seinen Glauben fest im Verstand zu verankern. Indem wir etwas von uns selbst geben, bilden wir einen Reichtum an positiven Emotionen und bauen ein Netzwerk an Verbündeten auf, die unseren Erfolg in allen Lebensbereichen fördern. Es gibt kaum einen dauerhaft erfolgreichen Menschen, der sich nur auf den eigenen Fortschritt konzentriert, und noch seltener ist ein erfolgreicher Mensch, der sich auf Kosten anderer auf den eigenen Erfolg konzentriert.

Zu geben, ist auch der Schlüssel, um Fehlschläge zu überwinden. Es mag kontraintuitiv wirken, nach Möglichkeiten zu suchen, etwas zu geben, wenn man mit einer zeitweiligen Niederlage zu kämpfen hat. Aber das ist tatsächlich der perfekte Zeitpunkt, um herauszufinden, wie man für andere einen Wert generieren kann. Indem man sich für andere nützlich macht, verlagert man seinen Fokus von Niederlage auf Erfolg – von den negativen Aspekten des Lebens auf die vielen Vorteile, die man bereits genießt. Dieses Erfolgsbewusstsein wird noch größere Chancen im eigenen Leben anziehen, was einem erlaubt, einen Fehlschlag in neue Chancen zu verwandeln. Hier greift das Gesetz der steigenden Erträge: Indem Sie freundlich und hilfsbereit zu anderen sind, stellen Sie sicher, dass es auch Ihnen so ergehen wird – und das im verstärkten Maße. Investieren Sie in Ihre Zukunft, indem Sie gemäß der Philosophie des Dienstes am anderen leben, dann werden Sie spirituellen und emotionalen Lohn ernten, der mehr wert ist als materieller Reichtum, wobei dieser sich vermutlich ebenfalls einstellen wird.

Letztendlich ist der Dienst am anderen auch der einzige Weg, beim Verfolgen des eigenen konkreten wichtigsten Lebenszwecks motiviert zu bleiben. Denn so drückt man den äußeren Umständen den eigenen Stempel auf, erfüllt sie mit dem eigenen Charakter und verbessert seine Initiative und Ausdauer. Lachen Sie häufig und herzlich und leben Sie mit Energie und Zielstrebigkeit – das ist das Geheimnis, um am eigenen Hauptziel leidenschaftlich interessiert zu bleiben und weiter die nötige Arbeit zu leisten, auch wenn es sich so anfühlt, als habe man ein Plateau erreicht und würde nicht weiterkommen. Diese Momente regen uns an, tiefer einzudringen und Möglichkeiten zu finden, etwas von uns selbst zu geben und dabei guter Dinge zu bleiben. Auf diese Weise bringen wir den Samen unseres Erfolges aus, während wir in der Gegenwart die Ernte genießen.

Wenn Sie etwas aus diesem Buch lernen sollten, dann das Folgende: Der Erfolg ist eher eine Einstellung als ein Ziel. Vermögen aufzubauen, ist ein wertvolles Handlungsziel, sofern Sie es auf Wachstum und Dienst am Nächsten ausrichten. Aber der größte Erfolg von allen besteht im Seelenfrieden, der aus der Hilfe für andere entsteht.

Tipps, um wohlhabender zu werden

- Anderen zu helfen, sollte auf allen Stufen Ihrer Erfolgsreise ein Kernelement Ihres Millionär-Masterplans sein.
- Freude und Lebenszweck darin zu finden, anderen zu helfen, erlaubt einem, die Früchte des Erfolgs zu genießen, während man weiter das eigene Ziel verfolgt.
- Die sicherste Methode, arm zu bleiben, besteht darin, vom Reichwerden besessen zu sein. Auch wenn die Vermögensbildung zentral zu Ihrem konkreten wichtigsten Lebenszweck gehört, sollte es kein Ziel an sich sein.
- Die reichsten und erfolgreichsten Menschen konzentrieren sich nicht allein auf den Profit; sie fokussieren sich auf den Wert, den sie schaffen.
- Großzügigkeit ist das Geheimnis eines Wohlstands-Mindsets. Indem wir mit unserer Zeit, unserem Geld und/oder unserer Kompetenz anderen nützen, kultivieren wir einen Optimismus, der Chancen in unserem Leben anzieht und die Angst besiegt, die uns daran hindert, unsere Ziele zu erreichen. Außerdem bauen wir dadurch Resilienz angesichts widriger Umstände auf.
- Erfolg ist eher eine Einstellung als ein Ziel.

Ihr Millionär-Masterplan

➢ Auf welche Weise hängt Ihr konkreter wichtigster Lebenszweck mit dem Dienst an anderen zusammen? Wenn das nicht zutrifft, wie können Sie Ihre Situation neu bewerten?

➢ Wie können Sie Zeit, Wohlstand und/oder Kompetenzen mit anderen teilen, damit es ihnen besser geht?

➢ Erstellen Sie einen Plan für diese Woche, wie Sie anderen einen Dienst erweisen können, ohne mit einem Ausgleich dafür zu rechnen.

➢ Was ist Ihre wichtigste Lektion aus diesem Buch? Wie werden Sie diese umsetzen?